Guide et recettes des fruits et légumes exotiques et méconnus

Conception graphique, composition et montage:
Le Marché de l'écriture

Photographies:
Richard Poissant, Markos/Studio Sternfield
et Raymond Shunnanon

Dépôt légal:
Bibliothèque nationale du Québec, 2ième trimestre
Bibliothèque nationale du Canada, 2ième trimestre

ISBN 2-8929-4071-1

Guide et recettes des fruits et légumes exotiques et méconnus

Par le chef
Jean-Louis Thémis

LES ÉDITIONS EXOBEC

Tous mes remerciements à
BOTNER FRUITS
pour sa précieuse collaboration.

J.-L. Thémis

MOT DE L'AUTEUR

La technologie moteur de toute mutation n'a pas épargné notre style alimentaire: la modernisation des méthodes de transport et de conservation a changé la destinée de certains fruits et légumes qui autrefois étaient voués à la consommation locale.

Plus de frontière! Carambole, chayotte, mangue et biens d'autres produits à consonnances exotiques font et feront désormais partie des rayons de nos supermarchés.

C'est à tout ceux qui aiment manger et veulent approfondir leurs connaissances que je dédie ce livre.

Bonne découverte et bon appétit!

Jean-Louis Thémis

PRÉFACE

Le recueil du chef Jean-Louis Thémis, originaire de l'île de Madagascar, est plus qu'un simple livre de recettes: c'est une fenêtre ouverte sur l'univers parfumé des fruits et des légumes exotiques et leur cortège d'images heureuses de soleil, de plages et de vacances...

Qu'on ait vécu ces vacances ou qu'on les ait rêvées, on pourra désormais, grâce au Chef Thémis et à son guide aussi documenté que pratique, confectionner chez soi les recettes du soleil. Car les fruits et légumes exotiques qu'il nous présente, on les trouve maintenant dans nos étalages. Les recettes nous manquaient encore, les voici: précises, simples et savoureuses à souhait.

C'est de sa mère que le Chef Thémis tient ses secrets culinaires, mais c'est au Québec qu'il est venu parfaire sa formation. Diplômé de l'Institut de tourisme et d'hôtellerie du Québec, responsable des cuisines de l'EXOTIC et auparavant de l'île de Madagascar, ce magicien des saveurs et des goûts nous offre, avec son recueil de recettes ensoleillées, tous les parfums de son île natale.

Antoine Samuelli, Ph. D.
Directeur général
Institut de tourisme
et d'hôtellerie du Québec

ANONE

Le mot «Anone», est un nom générique de trois espèces de la famille des anonacées, comprenant la chérimole (coeur de boeuf), la pomme cannelle (custard apple) et le corossol (ou cachiman ou soursop). Presque tous les fruits ont le même goût doux, agréable et parfumé.

La CHÉRIMOLE ou CHÉRIMOYA, est une baie en forme de coeur et grosse comme le poing. Sa peau feutrée est marquée de saillies très prononcées qui font penser à des traces de doigts. Sa couleur est gris-brun, passant au noir à maturité, sa chair est crémeuse, blanche et délicate, son odeur suave, sa saveur douce.

La POMME CANNELLE diffère de la chérimole de par sa pelure qui rappelle un peu l'aspect de l'artichaut. Son goût et son parfum ne se dissocient en rien de la chérimole.

Le COROSSOL est le plus volumineux des anones. Son goût et sa texture ont les mêmes particularités que les autres fruits de la même famille. Par contre, son aspect diffère complètement. Le corossol présente une pelure verte plus foncée d'où émergent des épines recourbées.

Provenance: Taïwan, Chili, Équateur.

Disponibilité: à l'année mais au gré des importateurs.

Achat: ni trop ferme, ni trop mou et sans indice de meurtrissure.

Conservation: laisser à température de la pièce jusqu'à ce qu'il cède sous une légère pression des doigts. Conserver mûr au réfrigérateur pour un jour ou deux seulement.

Utilisation: les variétés d'anones se consomment généralement nature, coupées en deux et servies sur glace. Débarrassées de leur pelure et de leurs pépins, la chair réduite en purée est la base de délicieux breuvages, sorbets et compotes.

Propriétés: les anones auraient la même valeur calorique que les raisins, soit 70 à 80 calories par 100 g, contiendraient autant de glucides, un peu de calcium et d'acide ascorbique.

Parfait de chérimole à l'orange

INGRÉDIENTS

250 ml de crème fouettée, sucrée au goût	1 tasse
250 ml de crème sûre	1 tasse
5 ml d'extrait de vanille	1 c. à thé
30 ml de jus d'orange concentré	2 c. à table
30 ml de jus de citron	2 c. à table
125 ml de chérimole en purée	1/2 tasse
30 ml de zeste d'orange (rapé ou haché)	2 c. à table
250 ml de chérimole en morceaux	1 tasse
250 ml de suprêmes d'oranges	1 tasse
4 feuilles de menthe	

MÉTHODE

- Dans un bol, mélanger la crème fouettée, la crème sûre, la vanille, le jus d'orange, le jus de citron, la purée de chérimole et le zeste d'orange. Réfrigérer.
- Dans 4 à 6 coupes à parfait, partager à parts égales les morceaux de chérimole et les suprêmes d'oranges (conserver 4 ou 6 de ces derniers pour la décoration).
- Finir de remplir les coupes avec la première préparation.
- Décorer avec les suprêmes d'oranges réservés, et les feuilles de menthe. Garder réfrigérés jusqu'à consommation.

RENDEMENT: 4 à 6 portions

Tarte d'anone aux fraises et aux kiwis

INGRÉDIENTS
POUR LA PATE

90 g de beurre non salé	3 oz.
250 ml de biscuits broyés (genre «Graham»)	1 tasse

POUR LA GARNITURE

45 ml de gélatine	3 c. à table
30 ml d'eau froide	2 c. à table
250 ml de purée d'anone tiède	1 tasse
15 ml de zeste de citron	1 c. à table
15 ml d'extrait de vanille	1 c. à table
500 g de fromage en crème	1 lb.
125 ml de sucre	1/2 tasse
50 ml d'eau	1/4 tasse
2 blancs d'oeufs	
250 ml de crème fouettée (en chantilly)	1 tasse
4 à 5 fraises moyennes émincées	
2 kiwis pelés et émincés	

MÉTHODE

• Pour la pâte faire fondre 80 g (2oz 2/3) de beurre, et y mélanger les biscuits broyés.

• Avec le reste du beurre, badigeonner le fond et la paroi d'un moule à fond amovible de 20 cm (8") de diamètre.

• Verser la préparation beurre-biscuits dans le fond du moule et avec le dos d'une cuillère bien tasser. Réfrigérer.

• Pour la garniture, mélanger dans un petit bol la gélatine et l'eau, et placer au bain-marie jusqu'à utilisation.

• Dans un autre bol, battre la purée d'anone, le zeste, l'extrait de vanille et le fromage blanc. Laisser en attente.

• Dans une petite poêle sur feu moyen, faire un sirop avec le sucre et l'eau. Lorsque plus épais et non caramélisé, verser immédiatement sur les blancs d'oeufs et battre avec le mélangeur électrique jusqu'à l'obtention de pics fermes.

• Mélanger rapidement toujours à l'aide du mélangeur électrique, le premier mélange, les blancs d'oeufs, la crème fouettée et enfin toujours en battant la gélatine dissoute.

• Verser cet appareil dans le moule et remettre à réfrigérer 3 à 4 heures.

• Garnir de fraises et de kiwis avant de servir.

RENDEMENT: 4 portions

ARTICHAUT

L'artichaut est un légume qui ressemble à un chardon. Il existe plusieurs variétés d'artichauts; la taille et le poids ne sont donc pas des critères de maturité.

A partir de la base (le fond de l'artichaut) poussent des feuilles dont seulement la partie blanche plus charnue, est comestible. Cette base est couverte de foin qu'il ne faut pas manger.

Les jeunes artichauts (ceux qu'on retrouve en conserve) peuvent être mangés en entier.

Les artichauts ne devraient jamais être cuits dans des récipients d'aluminium car leur chair noircirait.

Autre appellation: aucune.

Provenance: Europe, Californie, Amérique du Sud.

Achat: les choisir lourds pour leur grosseur avec les feuilles et les tiges vertes et fermes.

Disponibilité: à l'année

Conservation: dans un sac de plastic au régrigérateur 5 à 6 jours. Cuit: garder au réfrigérateur 2 à 3 jours

Utilisation: les jeunes artichauts débarrassés des feuilles les plus fibreuses peuvent se consommer crus.

Les plus gros doivent être cuits selon une des façons suivantes:

• *A l'eau*, additionnée de jus de citron et de sel pendant 25 à 40 minutes. Le test pour certifier la cuisson, consiste à tirer sur une feuille, lorsque celle-ci se détache facilement l'artichaut est donc cuit.
• *A la vapeur* 25 à 40 minutes ou dans une marmite à pression 7 à 10 minutes.
• *Au micro-ondes* 6 à 8 minutes à plein pouvoir.
• *Sur le B.B.Q.* en les enveloppant dans du papier aluminum 25 à 40 minutes.
• *Farci et braisé*, 25 à 40 minutes.

Artichaut petite aurore

INGRÉDIENTS

1 artichaut

30 ml mayonnaise	2 c. à table
15 ml fromage cottage	1 c. à table
15 ml yogourt nature	1 c. à table
15 ml ketchup	1 c. à table
15 ml oignons hachés	1 c. à table
15 ml persil haché	1 c. à table

1 pincée de fines herbes

Sel et poivre au goût

MÉTHODE

- Dans une casserole, déposer l'artichaut et couvrir d'eau. Laisser mijoter jusqu'à ce qu'une feuille se détache facilement. Laisser refroidir une heure.
- Passer au mélangeur électrique tous les autres ingrédients jusqu'à l'obtention d'une sauce bien lisse. Mettre de côté.
- Lorsque l'artichaut est bien refroidi, retirer les feuilles centrales et la partie velue.
- Dans un petit bol, mêler tous les autres ingrédients. Verser cette préparation au centre de l'artichaut.

RENDEMENT: une portion

Artichaut vinaigrette

INGRÉDIENTS:

30 ml de vinaigre de vin à l'estragon	2 c. à table
60 ml d'huile d'olive	1/4 tasse
15 ml de moutarde de Dijon	1 c. à table

Sel et poivre au goût

4 gros artichauts cuits

MÉTHODE

- Fouetter tous les ingrédients de la vinaigrette.
- Placer chaque artichaut dans une assiette de service; chaque convive devra en oter les feuilles et en tremper le bout charnu dans la vinaigrette. Lorsqu'on arrive au coeur de l'artichaut, il faut enlever le foin et savourer le fond.

RENDEMENT: 4 portions

AVOCAT

Fruit de l'avocatier. Il existe plusieurs variétés d'avocats, donc plusieurs tailles, formes et couleurs. Certains pèsent quelques grammes d'autres frisent le kilo. La saveur demeure tout de même semblable. L'avocat est mûr lorsque sous pression de la main on constate une certaine souplesse de la peau.

Autre appellation: poire alligator.

Provenance: Californie, Mexique, Floride, Amérique du Sud, Israël.

Achat: belle apparence, lisse et sans indice de meurtrissure.

Disponibilité: à l'année

Conservation: dans le réfrigérateur de 10 à 15 jours, ou environ 1 semaine à la température de la pièce.

Utilisation: peler*, couper en deux et enlever le noyau. Ferme, en salade, farci aux fruits de mer, dans les sandwichs. Mou, en crème froide (potage), en mousse (dessert), en trempette.

Propriétés: sa valeur calorique serait de 200 calories pour 100 g; riche en éléments minéraux (potassium, phosphore, magnésium et soufre). Excellente teneur en vitamine A,B.D.E.P.

* Si vous désirez garder la peau de l'avocat afin de vous en servir comme "coquille" ne pas peler, le couper simplement en deux et vider.

Avocat mimosa

INGRÉDIENTS

1 avocat pelé et dénoyauté -	1 gros ou 2 moyens
1 tomate mûre mais ferme	
30 ml d'huile d'olive	2 c. à table
15 ml de vinaigre de vin	1 c. à table
1 gousse d'ail	
2 gouttes de sauce Tabasco	
15 ml de persil haché	1 c. à table
Sel et poivre au goût	
1 oeuf dur haché fin ou rapé	
1 bouquet de persil	
5 à 6 olives noires	

MÉTHODE

- Couper les avocats et les tomates en cubes de 2 x 2 cm (1"x 1").
- Arroser d'huile d'olive, de vinaigre, d'ail, de sauce Tabasco, de persil, de sel et de poivre. Mélanger délicatement et mettre dans un plat de service.
- Parsemer le tout de l'oeuf haché ou rapé, et garnir avec le bouquet de persil et les olives noires.

RENDEMENT: 4 portions

Potage froid

INGRÉDIENTS

Pulpe d'un (1) avocat moyen	
30 ml d'oignon haché	2 c. à table
1 gousse d'ail	
Jus d'un 1/2 citron	
750 ml d'eau	3 tasses
50 ml d'huile d'olive	1/4 tasse
2 pincées de zeste de citron	
Sel et poivre au goût	
30 ml d'échalotte, persil ou	
ciboulette hachés	2 c. à table

MÉTHODE
- Passer tous les ingrédients au mélangeur ou au robot. Verser dans des tasses à consommé.
- Garnir d'échalotte, de persil haché ou de ciboulette.

RENDEMENT: 4 portions

Mousse d'avocat au rhum

INGRÉDIENTS

Pulpe d'un avocat moyen	
45 ml de sucre	3 c. à table
5 ml de vanille	1 c. à thé
5 ml de rhum	1 c. à thé
125 ml de crème 35%	½ tasse
45 ml de jus de citron ou de lime	3 c. à table
Sel au goût	

MÉTHODE
- Réduire la pulpe d'avocat en purée.
- Incorporer le sucre, la vanille, le jus de lime ou de citron et laisser de côté.
- Battre la crème jusqu'à l'obtention d'une mousse assez ferme.
- Mélanger délicatement les 2 préparations.
- Parfumer au rhum et servir dans les coquilles vides des avocats ou dans des coupes à dessert. Garnir d'un biscuit sec.

RENDEMENT: 4 portions

Quacamolé

INGRÉDIENTS

Pulpe de 2 avocats moyens en purée	
1 tomate moyenne mûre, hachée	
Jus d'un 1/2 citron	
30 ml d'huile	2 c. à table
2 tiges d'oignons verts émincées	

2 branches de coriandre frais, hachées
2 gousses d'ail hachées
Sauce Tabasco ou Dynamite au goût
Sel au goût

MÉTHODE

• Mélanger tous les ingrédients et servir avec des crudités ou des tortillas.

RENDEMENT: 6 à 10 personnes.

BABACO

Le babaco est une autre merveille de l'horticulture. Assez impressionnant par sa forme et son parfum, cet hybride né d'un croisement de deux espèces de papayes a l'avantage d'être totalement comestible. En effet sa fine peau de couleur verte tirant vers le jaune lorsqu'il est mûre, protège une chair parfumée et juteuse, dépourvue de pépins.

Autre appellation: aucune.

Provenance: Équateur, Nouvelle-Zélande.

Achat: lisse et sans trace de meurtrissure.

Conservation: 7 à 10 jours dans le réfrigérateur. Si le fruit est encore vert laisser mûrir à température de la pièce. Il deviendra alors tout jaune. Consommer rapidement.

Disponibilité: novembre à août.

Utilisation: toutes les manières d'apprêter les melons conviennent au babaco — nature, arrosé de jus de lime ou de citron, dans les salades de fruits, les yogourts, les sorbets et les pâtisseries. Se sert aussi avec les viandes blanches. Attendrit les viandes dans les marinades.

Propriétés: le babaco aurait une forte teneur en vitamine C et une valeur énergétique assez faible. Il contient de la papaïne, enzyme qui attendrit les viandes et facilite la digestion.

Elixir au babaco

INGRÉDIENTS

500 ml de crème glacée vanille	2 tasses
500 ml de soda (eau gazeuse)	2 tasses
500 ml de babaco mûr coupé en cubes	2 tasses

MÉTHODE

• Mettre les ingrédients dans le bol d'un mélangeur électrique et mélanger jusqu'à l'obtention d'un coulis lisse et sans grumaux.
• Verser dans des coupes et servir froid.

RENDEMENT: 6 tasses.

Compote de babaco

INGRÉDIENTS

50 ml de sucre	10 c. à thé
125 ml d'eau	1/2 tasse
500 g de babaco coupé en tranche de 1 cm (1/2")	1 lb.
10 ml de jus de citron	2 c. à thé
500 ml de jus d'oranges	2 tasses
3 gouttes d'extrait de vanille	

MÉTHODE

• Faire un caramel avec le sucre et lorsque doré, ajouter l'eau et le babaco. Remuer sur feux doux.
• Ajouter le jus d'oranges et l'extrait de vanille.
• Laisser mijoter à feu doux 30 minutes, écumer de temps en temps
• Servir bien froid.

BOK CHOY

Légume semblable aux épinards. Pas aussi riche en fer que ce dernier, le bok choy demeure un substitut original et intéressant pour les amateurs de légumes verts.

Autre appellation: aucune.

Provenance: Floride, Californie.

Achat: feuilles épanouies et non flétries.

Disponibilité: à l'année.

Conservation: 6 à 10 jours au frais; il peut aussi se congeler.

Utilisation: vinaigrette, sauté au beurre, braisé, en sauce tomate ou sauce blanche, avec les mets orientaux, les soupes et les ragoûts.

Propriétés: 100 g de bok choy cru donneraient 25 calories et contiendrait du calcium, du phosphore, et de la vitamine A.

Quiche au Bok Choy

INGRÉDIENTS

1 fond de tarte de 20 cm (8")
375 ml de lait   1 1/2 tasse
5 oeufs
1 pincée de muscade
15 ml de beurre   1 c. à table
30 ml d'oignons hachés   2 c. à table
1 gousse d'ail
1 botte de bok choy blanchit essoré et émincé
1 pincée de cayenne
1 pincée de poivre et de sel
250 ml de fromage en cubes (cheddar fort) 1 tasse
Facultatif: 50 ml de lardons cuits ou bacon 1/4 tasse

MÉTHODE

- Chauffer le four à 190° C (375° F)
- Faire tièdir le lait.
- Dans un bol battre les oeufs en omelette, et y verser le lait tiède.
- Assaisonner au goût de sel et de poivre, et parfumer de muscade. Laisser en attente.
- Dans une poêle, faire fondre le beurre, et y faire revenir les oignons, l'ail et le bok choy émincé.
- Assaisonner de sel, de poivre et de cayenne.
- Dans le fond à tarte, mettre les cubes de fromage, le bok choy sauté, les lardons, le mélange de lait-oeufs, et enfourner 35 à 40 minutes. Servir chaud.

RENDEMENT: 4 à 6 portions

Bok choy sauté au beurre

INGRÉDIENTS

1 botte de bok choy lavé et émincé
30 ml de beurre   2 c. à table
1 oignon moyen
Une pincée de sel et de poivre
Une pincée de muscade

MÉTHODE
• Blanchir le bok choy et l'égoutté
• Dans une poêle, faire fondre le beurre et y faire blondir les oignons
• Ajouter le bok choy et remuer. Assaisonner et servir.

RENDEMENT: 4 à 6 personnes

Potage de Bok Choy

INGRÉDIENTS

30 ml de beurre   2 c. à table
1/2 oignon moyen émincé
500 ml de pommes de terre en cubes   2 tasses
1 botte de bok choy moyenne nettoyée
15 ml de thym   1 c. à table
1 feuille de laurier
750 ml de bouillon de boeuf ou poulet   3 tasses
250 ml de lait chaud   1 tasse

MÉTHODE
• Chauffer le beurre.
• Faire revenir les oignons, les pommes de terre, le bok choy, le thym et la
   feuille de laurier.
• Mouiller avec le bouillon et couvrir.
• Laisser mijoter 20 minutes et passer le tout au moulin à légumes ou au
   mélangeur.
• Replacer dans la casserole et ajouter le lait; bien mélanger et servir aux
   premiers bouillons (avec croutons si désiré).

RENDEMENT: 6 à 8 portions.

CARAMBOLE

La carambole est une grosse baie verdâtre, côtelée et oblongue de 6 à 10 cm, qui comporte 5 à 6 lobes en étoile, contenant chacun deux graines. A maturité, la carambole prend une jolie couleur jaune d'or. Sa pulpe est charnue, juteuse, parfumée avec un arrière goût de rhubarbe et d'ananas.

Autre appellation: pommier du Goa, Fruit étoile.

Provenance: Californie, Brésil, Taiwan.

Achat: Bien jaune et sans trop de taches brunes.

Disponibilité: à l'année

Conservation: 1 semaine au frais.

Utilisation: enlever les parties brunes ou noires qui se forment surtout sur les pointes des lobes. Bien mûre, on la consomme au naturel, dans les salades de fruits, en beignets et même dans les tartes. Moins mûre, on l'incorpore dans des achards et des salades en vinaigrette. La carambole se retrouve dans certaines sauces au cari et peut aussi se consommer comme légume. Quand elle est disponible, la carambole est indispensable comme décoration pour les boissons ou les salades.

Propriétés: une carambole moyenne de 100 g fournirait 33 calories et contiendrait une quantité appréciable de vitamine A et de vitamine C.

Saumon fumé et carambole

SAUMON FUMÉ ET CARAMBOLE
INGRÉDIENTS

500 g de saumon fumé	1 lb.
1 carambole moyenne coupée en étoile de 1/2 cm (1/8")	
1 oignon moyen pelé et émincé	
30 ml de câpres	2 c. à table
4 quartiers de citron	
2 bouquets de persil frais	
1 trait d'huile d'olive	

MÉTHODE

- Dans un plat de service, étaler le saumon fumé. Garnir avec goût de carambole, d'oignon, de câpres, des bouquets de persils et des quartiers de citron. Arroser d'huile d'olive.

RENDEMENT: 4 portions

Salade de fraises et caramboles

INGRÉDIENTS

500 ml de fraises équeutées, lavées, et coupées en deux	2 tasses
250 ml de vin rouge	1 tasse
50 ml de sucre	1/4 tasse
15 ml de vanille	1 c. à table
2 caramboles tranchées	
4 tiges de feuilles de menthe	

MÉTHODE

- Dans un bol, mettre les fraises, le vin rouge, le sucre et la vanille. Mélanger délicatement et laisser mariner 1 heure.
- Répartir les fraises dans des coupes à champagne. Garnir de tranches de carambole et de feuilles de menthe. Servir frais.

RENDEMENT: 4 portions.

Truite à la carambole

INGRÉDIENTS

30 ml de beurre	2 c. à table
60 ml d'huile	1/4 tasse
4 truites	
Farine (pour enfariner les truites)	
60 ml de beurre	1/4 tasse
30 ml de jus de citron	2 c. à table
1 carambole coupée en étoile	
30 ml de persil haché	2 c. à table
4 bouquets de persil	

MÉTHODE

- Chauffer le four à 160° C (325° F)
- Dans une poêle, chauffer l'huile et le beurre sans brunir.
- Assaisonner les truites et les rouler dans la farine. Bien les secouer pour enlever le surplus de farine et les mettre dans la poêle. Faire colorer des deux côtés.
- Finir la cuisson au four.
- Dans une autre poêle, chauffer l'autre quantité de beurre. Ajouter le jus de citron et les étoiles.
- Lorsqu'une mousse se forme, parsemer le tout de persil haché et napper les poissons de cette préparation.
- Garnir de bouquets de persil
  N.B.: vous pouvez remplacer les truites par des filets de n'importe quel poisson.

RENDEMENT: 4 portions

CÉLERI-RAVE

Ce légume est très proche du céleri, mais on ne mange que sa racine. Pour le consommer il faut enlever sa peau ocrée. Une salade de céleri-rave servie en hors-d'oeuvre est très appréciée.

Autre appellation: aucune.

Provenance: Québec, Californie, Europe, New-Jersey.

Achat: ferme et non spongieux.

Disponibilité: à l'année

Conservation: 10 à 12 jours au réfrigérateur.

Utilisation: éplucher, rincer, couper en quartiers, blanchir 5 minutes et rafraîchir à l'eau. Toutes les recettes qui s'appliquent au céleri se prêtent au céleri-rave: en salade, braisé, en potage, etc. De plus, le céleri-rave peut être farci avec différentes préparations (viandes, poissons, légumes).

Propriétés: le céleri-rave serait riche en vitamines A, B, et C, draineur des reins, des poumons et du foie. Renfermerait du nitre (dépuratif du sang) et du phosphore. Recommandé dans le cas d'impuissance, rhumatisme et crises nerveuses.

Céleri-rave remoulade

CÉLERI-RAVE RÉMOULADE
INGRÉDIENTS

500 ml de céleri-rave pelé, rapé	2 tasses
30 ml de mayonnaise	2 c. à table
15 ml de moutarde de dijon	1 c. à table
15 ml de vinaigre de vin	1 c. à table
Une pincée de sel et de poivre	

MÉTHODE
• Mélanger tous les ingrédients
• Servir sur une feuille de laitue et garnir de persil et de quartiers de tomates.

RENDEMENT: 4 portions

Céleri-rave au gratin

INGRÉDIENTS

500 g de céleri-rave pelé et	
coupé en rondelles de 1cm (1/2") d'épaisseur	1 lb
Bouillon de poulet pour bien recouvrir	
50 ml de beurre	1/4 tasse
125 ml farine	1/2 tasse
250 ml de fromage râpé	1 tasse
30 ml de crème 35 % (facultatif)	2 c. à table

MÉTHODE
• Cuire les rondelles de céleri-rave dans le bouillon de poulet 15 à 20 minutes
• Dans une autre casserole à fond assez épais, faire fondre le beurre et ajouter la farine. Bien mélanger avec une cuillère de bois, sans colorer. Laisser en attente.
• Lorsque le céleri-rave est cuit, le retirer du bouillon et le dresser dans un plat à gratin.
• Verser graduellement le bouillon sur le mélange beurre-farine, tout en remuant pour éviter les grumeaux.

- Laisser mijoter (crémer) et napper les tranches de céleri-rave.
- Saupoudrer de fromage râpé et faire gratiner.

RENDEMENT: 4 portions.

Potage de céleri-rave

INGRÉDIENTS

30 ml de beurre	2 c. à table
250 ml de céleri-rave en cubes	
de 1 cm x 1 cm (1/2" x 1/2")	1 tasse
1/2 oignon moyen haché	
1 L de bouillon de poulet	4 tasses
500 ml de pommes de terre en cubes	2 tasses
250 ml de lait	1 tasse
15 ml de persil haché	1 c. à table
Sel et poivre au goût	

MÉTHODE

- Dans une casserole, faire fondre le beurre et y faire revenir le céleri-rave, l'oignon, les pommes de terre, le laurier, le thym, le sel et le poivre.
- Mouiller avec le bouillon et laisser mijoter 30 minutes.
- Passer le tout au moulin à légumes ou dans un mélangeur. Replacer dans la casserole et ajouter le lait. Faire frémir et servir.

RENDEMENT: 4 portions.

Anone, page 9

Artichaut, page 13

Avocat, page 15

Babaco, page 19

Bok Choy, page 21

Carambole, page25

Céleri-rave, page 29

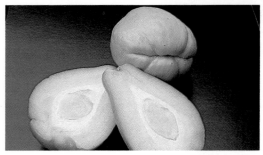

Chayotte, page 33

Citronnelle, page 39

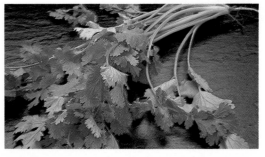

Coriandre, page 43

CHAYOTTE

La chayotte est un légume de la famille des courges. Originaire du Mexique, la chayotte a la forme tantôt d'un avocat, tantôt d'une grosse poire. Sa pelure d'un vert pâle, quelquefois hérissée de petites épines molles, protège une chair croustillante, alliant à la fois la texture de la pomme et du concombre. Au centre une amande blanche tendre et croustillante, tient lieu de noyau.

Autres appellations: chow-chow, chrystophine, mirliton, chou-chou.

Provenance: Costa Rica, Californie, Mexique, Brésil.

Achat: ferme et sans tache.

Disponibilité: à l'année

Conservation: 7 à 10 jours si réfrigéré

Utilisation: peler, couper en 2 et enlever le noyau (facultatif). Crue, en cubes ou émincée, arrosée de vinaigrette de votre choix ou de yogourt. Cuite, en ratatouille, en purée, sautée au beurre, en compote, farcie aux fruits de mer ou à la viande et dans les desserts.

Propriétés: la chayotte contiendrait beaucoup d'eau (91 %), et peu de minéraux. Sa valeur calorique est de 28 calories pour 100 g.

Chayotte en ratatouille

INGRÉDIENTS

50 ml d'huile d'olive	1/4 tasse
1 oignon haché moyen	
2 gousses d'ail hachées	
2 chayottes pelées et coupées en cubes de 2 x 2 cm (1"x 1")	
1 poivron vert ou rouge coupé en carrés de 2 x 2 cm (1" X 1")	
1 feuille de laurier	
1 pincée de thym	
30 ml de persil haché	2 c. à table
2 tomates fraîches grossièrement hachées	
250 ml de jus de tomates	1 tasse
Sel et poivre au goût	

MÉTHODE

- Chauffer l'huile dans une casserole.
- Faire revenir l'oignon, l'ail, les chayottes, le poivron, la feuille de laurier, le thym, le persil, les tomates fraîches et enfin ajouter le jus de tomates.
- Assaisonner et couvrir. Laisser mijoter à feu doux environ 30 minutes.

RENDEMENT: 4 portions.

Salade de chayotte «Jean-Louis»

INGRÉDIENTS

2 chayottes pelées et émincées	
Jus d'un 1/2 citron	
15 ml d'huile végétale	1 c. à table
5 ml de gingembre frais haché	1 c. à thé
1 branche de ciboule émincée	
Sel et poivre au goût	

MÉTHODE:

- Mettre tous les ingrédients dans un bol et mélanger. Servir.

RENDEMENT: 4 portions

Chayotte farcie

INGRÉDIENTS

2 chayottes pelées	
1/2 oignon moyen haché	
30 ml de persil haché	2 c. à table
5 ml de gingembre haché	1 c. à thé
250 g de porc haché	1/2 lb.
125 g de chair de crabe	1/4 lb.
2 champignons moyens hachés	
30 ml de fécule de maïs	2 c. à table
30 ml d'eau froide	2 c. à table
Sel et poivre au goût	

SAUCE

30 ml de beurre	2 c. à table
1/2 oignon émincé	
1 gousse d'ail	
15 ml de poivre vert	1 c. à table
1 pincée d'estragon	
500 ml de tomates fraîches ou	
en conserve concassées	2 tasses
15 ml de sucre	1 c. à table
Sel et poivre au goût	

MÉTHODE/FARCE
- Chauffer le four à 200° C (400° F.)
- Couper les chayottes en deux dans le sens de la longueur.
- A l'aide d'une cuillère parisienne, vider les demies de chaque partie de chayotte, former des parois 5 mm d'épaisseur (1/4").
- Hacher grossièrement les retailles et mettre dans un bol avec l'oignon, le persil haché, le gingembre, le porc haché, la chair de crabe, les champignons, le sel et le poivre; bien mélanger.
- Dans un bol à part, délayer la fécule dans l'eau, et verser dans la farce; bien mélanger.
- Farcir les chayottes du mélange et les placer dans un plat allant au four, et laisser de côté.

MÉTHODE/SAUCE
- Dans une casserole, faire fondre le beurre. Faire revenir l'oignon, l'ail, le poivre vert et l'estragon.

- Lorsque doré, ajouter les tomates, le jus, le sucre, le sel et le poivre. Laisser mijoter 5 minutes.
- Verser la sauce sur les chayottes et mettre dans le four. Laisser cuire 35 à 40 minutes.
- Servir avec du riz ou des pommes de terre en purée.

RENDEMENT: 4 portions.

Chayottes mimosa

INGRÉDIENTS

2 chayottes pelées et émincées
30 ml de vinaigre de vin   2 c. à table
45 ml d'huile d'olives   3 c. à table
30 ml de persil haché   2 c. à table
1 oignon pelé et émincé
Sel et poivre au goût

GARNITURE

2 oeufs durs hachés ou râpés
4 olives noires
4 quartiers de tomates
1 bouquet de persil

MÉTHODE

- Cuire les chayottes dans une marguerite 4 à 5 minutes.
- Après ce temps laisser tiédir 5 à 10 minutes et ajouter tous les ingrédients. Mélanger délicatement et dresser joliment.
- Garnir en semant par-dessus les oeufs hachés ou râpés. Placer les quartiers de tomates et le bouquet de persil de manière à présenter un plat agréable à l'oeil. Servir.

RENDEMENT: 4 portions.

Chayotte farcie aux fruits de mer

INGRÉDIENTS

2 chayottes pelées et coupées en 2	
15 ml de beurre	1 c. à table
2 échalottes françaises hachées	
100 g de crevettes	3 oz.
150 g de pétoncles	5 oz.
100 g de chair de crabe	3 oz.
4 champignons émincés	
1 pincée de poivre de cayenne	
Sel au goût	
1 pincée de thym	
125 ml de vin blanc	1/2 tasse
250 ml de bouillon de poulet	1 tasse
30 ml de fécule de maïs	2 c. à table
30 ml d'eau	2 c. à table
50 ml de crème 35 %	1/4 tasse
250 ml de mozzarella râpé	1 tasse

MÉTHODE

- Vider les chayottes à l'aide d'une cuillère parisienne et garder les retailles pour une autre utilisation.
- Cuire les coques ainsi obtenues à la vapeur 4 à 5 minutes ou au micro-ondes 1 minute. Laisser en attente.
- Dans un chaudron, faire fondre le beurre, y faire revenir les échalottes, les crevettes, les pétoncles, la chair de crabe et les champignons.
- Assaisonner de sel, poivre de cayenne et de thym.
- Mouiller avec le vin blanc et laisser mijoter à feu doux 3 à 4 minutes.
- Ajouter le bouillon de poulet et cuire encore 4 à 5 minutes.
- Diluer la fécule dans l'eau et verser dans la préparation pour épaissir. Bien remuer.
- Farcir les chayottes avec cette préparation, saupoudrer de fromage râpé et gratiner.
- Servir avec des pommes de terre ou des pâtes alimentaires.

RENDEMENT: 4 portions.

Soupe de chayotte et poulet

INGRÉDIENTS

30 ml de beurre	2 c. à table
1 chayotte pelée et coupée en petits cubes	
1 oignon pelé et coupé en petits cubes	
125 ml de tomates concassées	1/2 tasse
2 tiges d'oignons verts émincés	
125 ml de poulet coupé en cubes	1/2 tasse
1 pincée de thym	
1 litre de bouillon de poulet	4 tasses
Persil haché.	

MÉTHODE

- Dans un chaudron faire fondre le beurre. Y faire suer la chayotte, l'oignon, les tomates, l'oignon vert, le poulet et le thym.
- Mouiller avec le bouillon de poulet.
- Laisser mijoter 25 à 30 minutes.
- Servir parsemé de persil haché

RENDEMENT: 6 portions.

CITRONNELLE

La citronnelle est une herbe vivace formée de touffes épaisses de 1 à 1,5 mètre (3 à 4 '). Ses feuilles sont linéaires, étroites et très parfumées.

Comme la coriandre, elle entre dans le composition de certains plats orientaux (Chine, Vietnam).

La citronnelle est vendue fraîche ou séchée dans les boutiques. De la citronnelle on extrait une huile essentielle, le citral, qui est exploité industriellement.

Autres appellations: Lemon Grass, mélisse

Provenance: Antilles, Chine, Thaïlande.

Achat: fraîche ou séchée.

Disponibilité: à l'année.

Conservation: lorsque séchée, se conserve plusieurs mois dans un bocal.

Utilisation: en faisant infuser les tiges de citronnelle on obtient un délicieux breuvage. La citronnelle justifie sa place dans les marinades et les bouillons, les sauces et les ragoûts.

Propriétés: en infusion la citronnelle aurait des vertus digestives et fébrifuges. Elle serait aussi recommandée contre le diabète.

Poulet à la citronnelle

INGRÉDIENTS

2 tiges de citronnelle émincées	
375 ml d'eau chaude	1 1/2 tasse
600 g de poulet cru émincé	1 1/4 lb.
2 gousses d'ail hachées	
15 ml de gingembre haché	1 c. à table
Poivre blanc au goût	
50 ml de sauce soya	1/4 tasse
15 ml de miel	1 c. à table
50 ml de farine	1/4 tasse
30 ml d'huile	2 c. à table

MÉTHODE

- Faire tremper la citronnelle dans l'eau pendant 15 à 20 minutes.
- Dans un bol faire mariner le poulet, l'ail, le gingembre, le poivre, la sauce soya et le miel 15 à 20 minutes.
- Le temps de marinade écoulé, verser le surplus de marinade dans la citronnelle et ajouter la farine à la viande et bien mélanger.
- Chauffer l'huile dans un wok ou une poêle et y saisir la viande. Lorsque bien doré, verser la citronnelle et laisser mijoter 2 à 3 minutes. Si nécessaire lier avec un peu de fécule de maïs dans un peu d'eau froide.
- Servir sur du riz.

RENDEMENT: 4 portions.

Riz à la citronnelle

INGRÉDIENTS

2 tiges de citronnelle	
1,5 l. de bouillon de poulet	6 tasses
3 pincées de sel	
15 ml d'oignon haché	1 c. à table
500 ml de riz	2 tasses
2 pincées de curcuma	

MÉTHODE
- Mettre les tiges de citronnelle, le bouillon, le sel dans un chaudron et porter à ébullition 5 à 7 minutes.
- Joindre le riz et le curcuma au bouillon, reporter à ébullition. Couvrir et baisser le feu au minimum.
- Laisser cuire 20 à 25 minutes et servir.

RENDEMENT: 4 à 6 portions.

Breuvage à la citronnelle

INGRÉDIENTS
1 l. d'eau   4 tasses
1 tige de citronnelle

MÉTHODE
- Dans un chaudron de plus d'un litre, verser l'eau et immerger la citronnelle.
- Faire bouillir 10 à 12 minutes. Servir nature ou sucrer à votre goût.

RENDEMENT: 4 portions.

CORIANDRE

La coriandre est une herbacée de la famille des ombellifères, ressemblant fort au persil italien à feuilles plates mais dont le goût est totalement différent. Notre cuisine n'emploie que les graines de coriandre (surtout dans nos marinades). La plante fraîche a un goût différent de celui des graines.

Autres appellations: persil chinois, cilantros.

Provenance: Mexico, Californie, Québec

Achat: frais, les feuilles bien vertes et non flétries.

Disponibilité: à l'année.

Conservation: 5 à 7 jours si réfrigéré dans un sac de plastic fermé hermétiquement, ou environ un mois lorsqu'il est haché et mis en pot avec du sel.

Utilisation: pour raviver son parfum, faites tremper la coriandre une dizaine de minutes dans de l'eau froide et égoutter. On l'utilise surtout hachée grossièrement, mélangée à des farces de viandes ou de poisson, ou pour parfumer des bouillons. Une des meilleures combinaisons dans laquelle on la retrouve est vietnamienne: «menthe, coriandre, et échalottes vertes fraîches.»

Propriétés: la coriandre serait riche en vitamine C et en fer. On lui attribuerait de nombreuses vertus thérapeutiques. Certains la disent calmante, euphorisante et même antispasmodique.

Omelette vietnamienne aux crevettes

INGRÉDIENTS

30 ml d'huile	2 c. à table
8 oeufs battus	
120 g de petites crevettes cuites	4 oz.
2 tiges d'oignons verts émincés	
30 ml de gingembre frais haché	2 c. à table
1 branche de coriandre fraîche hachée	
sel et poivre au goût	
30 ml de sauce soya	2 c. à table

MÉTHODE

- Dans une poêle à omelette, chauffer l'huile.
- Ajouter aux oeufs, les crevettes, l'échalotte et les épices. Assaisonner.
- Verser le mélanger dans la poêle et remuer constamment à l'aide d'une fourchette jusqu'à ce que l'omelette soit prise.
- Rouler l'omelette et arroser de sauce soya. Servir.

RENDEMENT: 4 portions

DAIKON

Le daikon est un légume de la même famille que nos radis. En japonais, daikon signifie grande racine. C'est un légume qui se prête bien aux sculptures, d'ailleurs les japonais en sont les maîtres: ils y taillent des pagodes, des fleurs et bien d'autres objets.

Autre appellation: Lopak.

Provenance: Californie, Mexique, Japon.

Achat: ferme et sans plissure.

Disponibilité: à l'année.

Conservation: dans le réfrigérateur 12 à 15 jours.

Utilisations: cru en salade et dans des marinades; se prête bien à la sculpture. Cuit dans des soupes ou comme garniture au gratin.

Propriétés: il désintoxiquerait le foie et nettoierait les reins.

Daikon aux tomates et cari

INGRÉDIENTS

30 ml d'huile d'olive	2 c. à table
1 petit oignon émincé	
1 gousse d'ail haché	
5 ml de gingembre haché	1 c. à thé
500 ml de daikon en macédoine	2 tasses
1 tomate fraîche moyenne en macédoine	
10 ml de poudre de cari	2 c. à thé
Sel et poivre au goût	
2 branches de persil haché	

MÉTHODE

- Dans une poêle faire chauffer l'huile.
- Y faire revenir l'oignon, l'ail, le gingembre et le daikon. Ajouter enfin la tomate et le cari. Assaisonner de sel et de poivre.
- Réduire le feu et laisser mijoter 3 à 4 minutes.
- Parsemer le persil haché et servir.

RENDEMENT: 4 portions.

Salade de daikon et carottes

INGRÉDIENTS

500 ml de daikon pelé et coupé en julienne	2 tasses
250 ml de carottes pelées et coupées en julienne	1 tasse
1/2 oignon émincé	
2 tiges de persil haché	
1 gousse d'ail haché	
50 ml de raisins secs	1/4 tasse
30 ml de vinaigre d'estragon	2 c. à table
50 ml d'huile d'olive	1/4 tasse
Sel et poivre au goût	

MÉTHODE
• Mélanger tous les ingrédients dans un grand bol et décorer.

RENDEMENT: 4 portions.

FEIJOA

Le feijoa est un petit fruit ovale, revêtu d'une peau de couleur vert-feuille et dont la chair est d'un blanc-crème, légèrement granuleuse.

Autre appellation: aucune

Provenance: Nouvelle-Zélande, Californie.

Achat: tendre au toucher; mûr il dégage un arôme enivrant.

Disponibilité: mars à juin

Conservation: doit être mangé le plus tôt possible. Réfrigérer pour un maximum de 7 jours.

Utilisation: enlever la pelure car elle est non comestible. Délicieux cru, arrosé de citron et saupoudré de sucre vanillé. Relève agréablement une salade de fruits et intéressant en pâtisserie (chaussons, gâteaux, tartes), en confitures, gelées et chutneys. Fait de supers sorbets.

Propriétés: il serait une bonne source de vitamine C (29 mg/100 g), vitamine E et sels minéraux. Ne contiendrait que 34 calories par 100 g.

Coupes aux fraises et feijoas

INGRÉDIENTS

250 g de fraises lavées et coupées en deux	1/2 lb.
250 g de feijoas pelés et tranchés	1/2 lb.
45 ml de sucre	3 c. à table
60 ml de rhum brun	1/4 tasse
300 ml de yogourt glacé à la vanille	1 1/4 tasse

MÉTHODE

• Mélanger les fruits avec le sucre et le rhum brun. Laisser macérer.
• Répartir le yogourt glacé dans 4 coupes. Couvrir avec les fruits au moment de servir. (Falcultatif: décorer avec 2 ou 3 feuilles de menthe.)

RENDEMENT: 4 portions.

Chaussons aux feijoas

INGRÉDIENTS

500 g de pâte à tarte	1 lb.
6 feijoas	
60 ml de sucre brun	1/4 tasse
l75 ml d'eau	1/3 tasse
125 ml de sucre	1/2 tasse
60 g de beurre	2 oz.

MÉTHODE

• Faire une fente sur la longueur à chacun des feijoas et glisser 10 ml de sucre brun dans chacun.
• Préparer la pâte et la diviser en 6; rouler chaque morceau de forme ovale.
• Enrouler chaque feijoa de pâte, refermer bien et placer dans un plat beurré préalablement.
• Préparer un sirop en amenant à ébullition l'eau, le sucre et le beurre. Verser ce sirop en ébullition sur les chaussons et cuire au four à 180° C (350° F.) 55 minutes.

RENDEMENT: 6 portions.

FENOUIL

Le fenouil est une plante bulbeuse et a un goût qui tient de la réglisse et de l'anis. On mange presque tout du fenouil, mais chaque partie joue un rôle différent.

Autres appellations: aneth, faux-anis.

Provenance: Californie, Québec, Floride.

Achat: rigide et bien élancé.

Disponibilité: à l'année.

Conservation: 5 à 8 jours réfrigéré.

Utilisation: les branches (pétioles en cuisine) peuvent être cuites ou crues comme le céleri. Servir en salades, braisées, gratinées ou en soupe. Les feuilles sont utilisées pour les marinades et pour parfumer des plats de poissons et de fruits de mer.

Fenouil en vinaigrette

INGRÉDIENTS
1 bulbe de fenouil
30 ml de jus de citron   2 c. à table
Eau pour couvrir
1 recette de vinaigrette
4 quartiers de tomates
Sel et poivre au goût

MÉTHODE
- Mettre le bulbe de fenouil, le jus de citron et le sel dans une casserole, et couvrir d'eau. Faire blanchir 15 à 20 minutes.
- Laisser tiédir et faire des tranches de 1 cm (1/2") dans le sens de la longueur.
- Placer les tranches de fenouil dans un plat de service et napper de vinaigrette. Garnir de tomates et servir.

RENDEMENT: 4 portions.

Fenouil au gratin

INGRÉDIENTS
1 bulbe de fenouil en tranche de 1 cm (1/2" x 1/2")
Eau légèrement salée pour couvrir
1 recette de sauce béchamel de votre choix
250 ml de fromage râpé   1 tasse

MÉTHODE
- Faire blanchir les tranches de fenouil 15 à 20 minutes.
- Égoutter et dresser dans un plat à gratin.
- Napper de la sauce béchamel, parsemer de fromage et gratiner. Servir.

RENDEMENT: 4 portions.

Soupe de fenouil et poisson

INGRÉDIENTS

250 g de chair de poisson blanc	
en cubes de 2 x 2 cm (1" x 1")	1/2 lb.
500 ml de fenouil en cubes de 1 x 1 cm	2 tasses
1 oignon moyen haché	
1 gousse d'ail hachée	
30 ml de persil haché	2 c. à table
1/2 citron	
15 ml de purée de tomates	1 c. à table
5 ml de safran	1 c. à thé
Sel et poivre au goût	
45 ml de beurre	3 c. à table
1,25 l. de fond de volaille ou de poisson	5 tasses
8 gouttes d'huile d'olive	

MÉTHODE

• Mettre la chair de poisson, le fenouil, les oignons, l'ail, le persil, le 1/2 citron pressé, la purée de tomates, le safran, le sel et le poivre ensemble, et laisser mariner 12 heures.

• Fondre le beurre dans une casserole, et y faire revenir tous les ingrédients marinés.

• Mouiller avec le bouillon et laisser mijoter environ 2 heures.

• Servir en ajoutant 2 gouttes d'huile d'olive dans chaque tasse.

RENDEMENT: 6 à 8 portions.

FIGUE DE BARBARIE

La figue de Barbarie provient d'une espèce de cactus à feuilles larges, répandue dans toutes les régions chaudes. Elle est de forme ovale, de couleur jaune-orangé et peut avoir jusqu'à 10 cm de long. Elle est recouverte de barbes et d'aiguillons très fins. Il est donc nécessaire de la peler au préalable avec un couteau et une fourchette. Sa chair est parfumée et rafraîchissante.

Autres appellations: Poire de cactus, Prickly pears.

Provenance: Chili, Brésil, Californie, Italie, Argentine.

Achat: lisse et ne doit pas être trop ferme.

Disponibilité: février à mai et septembre à décembre.

Conservation: mûre, peut se garder de 12 à 15 jours si réfrigérée.

Utilisation: nature elle est très rafraîchissante et se marie bien à la salade de fruits. Sa pulpe broyée et passée se travaille bien pour les glaces et les boissons.

Propriétés: efficace contre la diarrhée.

Boisson excentrique

- Dans un verre à «high ball» placer 2 boules de crème glacée vanille. Ajouter 2 généreuses cuillerées de purée de figue de Barbarie. Remplir le verre de soda et servir avec une paille.

Glace au cactus

INGRÉDIENTS
2 oeufs, jaunes séparés des blancs
50 ml de sucre   1/4 tasse
375 ml de purée de cactus sans pépin   1 1/2 tasse
375 ml de crème chantilly   1 1/2 tasse

MÉTHODE
- Monter les blancs d'oeufs en neige et incorporer peu à peu le sucre jusqu'à obtention d'une meringue.
- Ajouter les jaunes battus à la crème chantilly.
- Mélanger délicatement la purée de cactus et les deux autres préparations.
- Transférer le mélange final dans un récipient et laisser prendre au moins 6 heures au congélateur.

FIGUE FRAICHE

Fruit du figuier qui est probablement l'un des premiers arbres fruitiers à avoir été cultivé par l'homme. Ronde et quelques fois plus allongée, la figue a une peau verte ou violette foncée; la pulpe peut être rouge ou blanche.

Autre appellation: aucune

Provenance: Algérie, Californie, France, Brésil, Italie.

Achat: ferme et sans trace de meurtrissure.

Disponibilité: surtout de septembre à avril

Conservation: 2 à 3 jours, si refrigérée environ 1 semaine.

Utilisation: couper la tige, bien nettoyer et consommer sans enlever la peau. Délicieuse dans la salade de fruit. On la consomme généralement en dessert mais on peut aussi la servir en entrée comme le melon. Toutes les recettes connues pour les abricots s'adaptent à la figue.

Propriétés: la figue est un des fruits les plus sucrés. Elle contiendrait une quantité appréciable de vitamine A, B.et C.

Meringue aux figues

INGRÉDIENTS/MERINGUE
4 blancs d'oeufs
250 g de sucre glace   1 tasse
INGRÉDIENTS/GARNITURE
250 ml de crème fouettée   1 tasse
30 ml de Grand-Marnier   2 c. à table
3 figues lavées et hachées grossièrement
2 figues lavées et coupées en quartiers

MÉTHODE

- Pour la meringue: allumer le four à 130° C. (250° F.).
- Garnir une tôle de papier ciré sur lequel on aura tracé 6 ronds de 8 cm de diamètre.
- Faire votre meringue en montant les blancs d'oeufs et en ajoutant le sucre par cuillerées.
- Remplir une poche munie d'une douille, et remplir les fonds de manière à former des paniers avec un fond et un rebord. Cuire environ 50 minutes et faire refroidir.
- Entre-temps, mêler la crème fouettée, le Grand-Marnier et les figues hachées.
- Remplir les paniers de meringue froids de cette préparation et garnir de quartiers de figues.

RENDEMENT: 4 portions.

FRUIT A PAIN

Le fruit à pain est assez volumineux, de forme globuleuse et sa couleur est d'un verdâtre. Il possède une chair blanche riche en féculent. Il forme la base de nourriture d'un grand nombre de peuples. A complète maturité, il a une saveur douce qui rappelle la mie de pain frais, avec un goût subtil d'artichaut. Doit son nom à sa forte teneur en amidon, qui permet de le cuire comme une sorte de pain.

Autre appellation: Breadfruit.

Provenance: Iles du Pacifique, Caraïbes et Brézil.

Achat: sa grosseur varie de 2 à 5 livres.

Disponibilité: à l'année.

Conservation: placer le fruit à pain dans un contenant rempli d'eau et garder réfrigérer 3 à 4 jours. Il se congèle facilement après avoir été blanchi.

Uilisation: peler à l'aide d'un couteau, couper en quartier, enlever la partie fibreuse qui tient lieu de coeur. Il existe diverses façons de l'apprêter et il figure dans de nombreuses recettes où il tient lieu de pomme de terre, bouilli, frit, grillé ou rôti.

Propriétés: serait assez fort en calories mais bas en sodium. Excellente source de vitamine C, de potassium et de fer.

Potage de fruit à pain

INGRÉDIENTS

30 ml de beurre clarifié	2 c. à table
2 poireaux émincés	
1 fruit à pain moyen, pelé et coupé en cubes	
1 oignon moyen, émincé	
5 ml de thym	1 c. à thé
1 feuille de laurier	
1,5 l. de bouillon de volaille ou de boeuf	6 tasses
125 ml de crème 15%	1/2 tasse
Sel et poivre au goût	
125 ml de lardons	1/2 tasse
Eau pour recouvrir les lardons	
2 tiges de persil haché	

MÉTHODE

• Dans un chaudron, chauffer le beurre et y faire revenir les poireaux, le fruit à pain, l'oignon, le thym et la feuille de laurier.
• Mouiller avec le bouillon et laisser mijoter à feu moyen pendant 45 à 50 minutes.
• Entre-temps, cuire les lardons dans une petite casserole jusqu'à évaporation complète de l'eau. Jeter le gras liquide.
• Passer le potage au moulin à légumes. Crèmer.
• Garnir des lardons et du persil haché. Servir chaud.

Allumettes de fruit à pain

INGRÉDIENTS

1 fruit à pain en juliennes
Eau pour recouvrir
Huile pour friture
Sel au goût

MÉTHODE

• Faire blanchir les juliennes dans l'eau quelques minutes.
• Bien les égoutter dans un linge propre.
• Les passer à la friture jusqu'à ce que les juliennes soient dorées et croustillantes.

FRUIT DE LA PASSION

Ce fruit est ainsi appelé non pas pour ses effets, mais parce que sa récolte coïncide avec la semaine de la passion biblique. Fruit jaune clair ou brun violacé; il a une forme sphérique et la grosseur d'un oeuf de poule. Son écorce épaisse et ridée (quand il est prêt à être mangé), protège une pulpe jaune verdâtre, translucide, parfumée et de saveur acidulée, renfermant plusieurs dizaines de petites graines croquantes et comestibles.

Autres appellations: barbadine, grenadille, maracuya.

Provenance: Brésil, Nouvelle-Zélande, Californie.

Achat: lisse ou ridée, mais sans trace de moisissure.

Disponibilité: à l'année

Conservation: 10 à 15 jours au frais.

Utilisation: on le consomme frais, bien mûr (tout plissé), à la cuillère comme un oeuf à la coque. Peut se servir en salade de fruits, en mousse ou en sorbet.

Propriétés: de faible valeur énergétique (environ 15 calories par fruit), le fruit de la passion contiendrait de nombreux éléments nutritifs telles la vitamine A et C.

Mousse de banane et de fruit de la passion

INGRÉDIENTS

375 ml de crème fouettée   1 1/2 tasse
200 ml de purée de banane   3/4 tasse
Pulpe de 3 fruits de la passion.

MÉTHODE

• Mélanger tous les ingrédients, et mettre dans des coupes à champagne.
• Garnir de pulpe de fruit de la passion.

RENDEMENT: 4 portions

Sorbet au fruit de la passion

INGRÉDIENTS

500 ml d'eau   2 tasses
250 ml de sucre   1 tasse
Jus d'une lime
4 fruits de la passion

MÉTHODE

• Faire un sirop avec l'eau et le sucre.
• Ajouter le jus de lime, puis la pulpe des fruits de la passion.
• Verser le tout dans le bol d'un robot muni de la lame métallique et placer dans un congélateur.
• Lorsque le sorbet est à moitié gelé, installer le bol sur le robot et actionner par pulsion, replacer le bol au congélateur et répéter la dernière opération 2 à 3 fois, jusqu'à ce que la consistance du sorbet vous convienne.

Fruit de la passion au naturel

INGRÉDIENTS

Fruit de la passion bien réfrigéré

MÉTHODE

• Couper le sommet du fruit de manière à ce qu'on puisse manger la pulpe avec une petite cuiller, comme un oeuf à la coque.
• Servir dans un support d'oeuf à la coque.

RENDEMENT: 1 portion

Sauce passionnelle

INGRÉDIENTS

250 g de beurre	1/2 lb.
250 ml de sucre	1 tasse
250 ml de jus d'orange	1 tasse
Pulpe de 4 fruits de la passion	
50 ml de Grand-Marnier	1/4 tasse

MÉTHODE

• Dans une casserole faire fondre le beurre. Ajouter le sucre et laisser légèrement caraméliser.
• Joindre le jus d'orange et la pulpe des fruits. Bien mélanger et laisser réduire légèrement.
• Parfumer avec le Grand-Marnier.
• Servir sur des crêpes ou de la crème glacée.

Daikon, page 45

Feijoa, page 49

Fenouil, page 51

Figue de Barbarie, page 55

Figue fraîche, page 57

Fruit à pain, page 59

Fruit de la passion, page 61

Gingembre, page 65

Goyave, page 69

Igname, page 71

GINGEMBRE

Le gingembre est un tubercule qui se distingue de tous les autres par sa forme et par le parfum qu'il dégage lorsqu'on l'égratigne.

Le présence du gingembre frais dans les mets orientaux est presque indispensable.

Autre appellation: ginger.

Provenance: Californie, Haïti, Hawaï, Thaïlande, Brésil.

Achat: Choisir des rhizomes lisses et fermes, sans vous soucier de leur forme.

Disponibilité: à l'année.

Conservation: frais et hors d'un sac 10 à 20 jours au réfrigérateur.

On peut aussi le râper, le hacher et le congeler ou le conserver dans une solution moitié eau, moitié vinaigre blanc avec un peu de sel, ou du sherry.

Utilisation: quand le gingembre est frais et jeune, même la pelure se mange. On l'utilise rapé, émincé ou pilé dans presque tous les plats orientaux, les soupes, les marinades, les salades, les condiments, les rôtis, les confiseries, les pâtisseries et les breuvages.

Propriétés: le gingembre serait un tonique supérieur au poivre et son action plus prolongée. Il serait riche en fer et en potassium. Un mélange de miel et de gingembre frais s'avèrerait un bon remède contre la grippe. On dit qu'il rendrait les hommes lascifs et les femmes sans défense.

Gingembre confit

INGRÉDIENTS

250 g de gingembre frais pelé	8 oz.
250 g de sucre blanc	8 oz.
250 ml d'eau	1 tasse

MÉTHODE

- Couper le gingembre en dés de 1 x 1 cm (1/2" x 1/2") et faire mariner 24 heures dans un sirop fait avec l'eau et le sucre.
- Porter à ébullition et baisser l'intensité de chaleur. Laisser réduire jusqu'à cristallisation.
- Placer dans un contenant hermétique.

Flétan au poivre vert et au gingembre

INGRÉDIENTS

4 darnes de flétan de 1 cm (1/2") d'épaisseur	
Sel et poivre au goût	
Jus de 1/2 citron	
30 ml de poivre vert	2 c. à table
30 ml de gingembre frais haché	2 c. à table
Farine pour enfariner le poisson	
30 ml d'huile	2 c. à table
30 ml de beurre	2 c. à table

MÉTHODE

- Chauffer le four à 200° C (400°F)
- Saler les darnes de flétan, les arroser du jus de citron, et avec le bout des doigts, écraser le poivre vert et le gingembre, répartir également sur les côtés de chaque darne.
- Enfariner et dans une poêle, chauffer l'huile et le beurre. Faire revenir de chaque côté les darnes de flétan.
- Finir la cuisson en plongeant la poêle au four 5 à 7 minutes.
- Ressortir et servir avec des quartiers de citron.

RENDEMENT: 4 portions.

Brochette de boeuf au gingembre

INGRÉDIENTS

750 g de cubes de filet	
de boeuf de 2 x 2 cm (1" x 1")	1 1/2 lb.
2 gousses d'ail hachées	
30 ml de gingembre haché	2 c. à table
15 ml de ketchup	1 c. à table
5 gouttes de sauce anglaise	
5 ml de thym	1 c. à thé
Jus d'un 1/2 citron	
Sel et poivre au goût	
125 ml d'huile végétale	1/2 tasse
8 moitiés d'oignons moyens	
4 quartiers de tomates	
4 morceaux de piments verts	

MÉTHODE

- Mélanger tous les ingrédients et laisser mariner 4 à 5 heures.
- Embrocher en alternant les légumes et les cubes de viande.
- Opérer ainsi jusqu'à épuisement des ingrédients et faire griller sur le gril en les badigeonnant du reste de la marinade.

RENDEMENT: 4 portions.

Rougaille de tomates

INGRÉDIENTS

2 tomates fraîches, hachées	
2 échalottes vertes, émincées	
1/2 oignon haché	
1/2 citron (jus et zeste)	
15 ml gingembre haché	1 c. à table
1 tige de persil frais, haché	
Sel et poivre au goût	
15 ml d'huile végétale	1 c. à table

MÉTHODE

- Bien mélanger tous les ingrédients
- Servir sur un lit de laitue.

RENDEMENT: 4 portions.

GOYAVE

Fruit du goyavier, originaire des Antilles et d'Amérique Centrale, il en existe plus de 100 espèces, toutes comestibles.

La goyave est de forme très variable, ronde, ovale ou en poire, avec une peau mince, jaune à reflet vert ou jaune citron. Elle renferme de nombreuses graines très dures, nichées dans une chair rose, blanche ou rouge dont l'arôme et la saveur évoque la pêche et la fraise.

La goyave est mûre lorsque sous pression du doigt,on ne sent aucune résistance.

Autre appellation: guava.

Provenance: Brésil, Mexique, Antilles, Taiwan, Floride.

Achat: Lisse sans trace de meurtrissure.

Disponibilité: à l'année.

Conservation: 7 à 10 jours au réfrigérateur.

Utilisation: laisser mûrir sur le comptoir. Tout se mange dans la goyave. Elle se consomme fraîche, avec l'adjonction de sucre et de rhum, dans les salades de fruits. Se prête aussi à la confection de bonnes compotes, gelées et sorbets. Il est tout de même préférable d'enlever les pépins.

Propriétés: la goyave serait plus riche que le citron en vitamine C. Valeur calorique faible, contiendrait du phosphore.

Compote de goyaves

INGRÉDIENTS

500 g de goyaves mûres	1 lb.
250 ml d'eau	1 tasse
125 ml de sucre	1/2 tasse
1 gousse de vanille	

MÉTHODE
- Couper les goyaves en deux et enlever les pépins sans les jeter.
- Envelopper les pépins dans un morceau de coton fromage, et les mettre dans la casserole avec l'eau et les goyaves vidées.
- Ajouter le sucre, la gousse de vanille et démarrer la cuisson à feu vif.
- Baisser le degré de chaleur, couvrir et laisser mijoter 1 heure.
- Enlever le coton fromage, et avec le dos d'une cuiller l'écraser contre la paroi de la casserole pour bien en extraire le jus.
- Mettre en pots.

Salade de goyaves et fraises

INGRÉDIENTS

4 goyaves mûres	
250 ml de fraises lavées et équeutées	1 tasse
125 ml de vin rouge	1/2 tasse
125 ml de sucre	1/2 tasse
1 pincée de muscade	

MÉTHODE
- Couper les goyaves en quartiers, et les fraises en deux.
- Mélanger tous les ingrédients et laisser mariner au réfrigérateur 2 à 3 heures.

RENDEMENT: 8 portions

IGNAME

L'igname est un turbercule qui a la forme tantôt d'une grosse racine d'arbre, tantôt d'une vieille branche. L'igname serait originaire de Chine ou des Antilles. Sa taille va de relativement petite à très grande (15 à 20 cm de long et 8 à 10 cm de large).

Il existe plusieurs variétés d'ignames, mais les plus commercialisées sont: l'igname blanche, l'igname jaune et l'igname sucrée.

De l'igname, ni les couleurs, ni les tailles ont un rapport avec sa maturité. Le légume est prêt à être consommé dès qu'il est déterré.

Autre appellation: yam.

Provenance: Brésil, Antilles, Caraïbes.

Achat: ferme et sans trace de moisissure.

Disponibilité: à l'année.

Conservation: comme les pommes de terre, dans un endroit frais et sombre.

Utilisation: laver, peler, et mettre de suite dans de l'eau légèrement salée car l'igname s'oxyde très vite. Toutes les façons connues d'utiliser la pomme de terre s'adaptent à l'igname: frite, bouillie, gratinée, soufflée, sautée, etc.

Propriétés: l'igname aurait une très bonne valeur calorique (101 calorie pour 100 g.), dépourvue de vitamine A, mais riche en fer. Elle contiendrait aussi des vitamines B1, B2, et du calcium.

Igname frite

INGRÉDIENTS

500 g d'igname pelée et taillée en frites 1 lb.
Huile pour friture
Sel au goût

MÉTHODE

• Chauffer l'huile à friture.
• Y plonger les ignames pour les cuire à moitié.
• Les retirer et augmenter l'intensité de chaleur, replonger les frites jusqu'à l'obtention d'une belle couleur dorée.

RENDEMENT: 4 portions

Purée d'igname

INGRÉDIENTS

500 g d'igname pelée et taillée en cubes	1 lb
Eau légèrement salée pour couvrir	
250 ml de lait	1 tasse
125 g de beurre	1/4 lb.
15 ml de muscade	1c. à table

MÉTHODE

• Faire cuire l'igname dans l'eau et lorsque cuite, jeter l'eau et passer au moulin à légumes ou au hachoir.
• Mélanger le lait, le beurre et la muscade à la purée. Servir.

RENDEMENT: 4 portions

Potage à l'igname

INGRÉDIENTS

15 ml de beurre	1 c. à table
500 g d'igname blanche	
pelée et coupée en cubes	
de 2 cm X 2 cm (1" x 1")	1 lb.
2 poireaux lavés et émincés	
2 échalottes vertes	
2 gousses d'ail	
1 feuille de laurier	
5 ml de thym	1 c. à thé
Sel et poivre au goût	
1 l. de bouillon de boeuf ou poulet	4 tasses
250 ml de lait	1 tasse
50 ml de croûtons	1/4 tasse
50 ml de lardons (bacon en morceaux)	1/4 tasse

MÉTHODE

- Faire fondre le beurre et y faire revenir l'igname, les poireaux, les échalottes, l'ail, la feuille de laurier, le thym, le sel et le poivre.
- Ajouter le bouillon, couvrir et laisser mijoter 35 à 40 minutes à feu moyen.
- Passer le tout au moulin à légumes ou au mélangeur.
- Replacer dans la casserole de cuisson avec le lait et faire frémir 4 à 5 minutes. Garnir chaque portion de croûtons et de lardons. Servir.

RENDEMENT: 4 portions.

KAKI

Le kaki rappelle la tomate par son aspect. Nous avons sur le marché deux sortes de kaki: l'un est dodu et l'autre plutôt plat (le kaki plat). Les deux ont la même couleur, jaune tirant vers l'orange, mais le premier doit absolument se consommer blet (très mûr et très mou), le second se mange plutôt comme une pomme.

Autres appellations: plaquemine, persimmon.

Provenance: Israël, Californie, Brésil, Japon.

Achat: ferme ou blet mais pas gâté.

Disponibilité: à l'année.

Conservation: le kaki plat: au réfrigérateur 10 à 15 jours.
Le kaki dodu: tempéré, jusqu'à ce qu'il soit blet absolument.

Utilisation: quelle que soit la sorte, le kaki est généralement consommé cru pour le dessert, mais peut aussi être consommé cuit. Sa purée peut servir dans les puddings, les compotes, les gâteaux, les flans et les sorbets.

Propriétés: de valeur énergétique moyenne, un kaki de 200 g contiendrait environ 130 calories, fournirait le tiers de vos besoins en vitamine C et comblerait tous vos besoins en vitamine A pour une journée.

Kaki melba

INGRÉDIENTS
4 boules de crème glacée
2 kakis dodus et blets
60 ml de coulis de fraises 1/4 de tasse
250 ml de crème fouettée 1 tasse
60 ml d'amandes effilées 1/4 de tasse

MÉTHODE
• Garnir 4 coupes à champagne d'une belle boule de crème glacée.
• Placer la pulpe de kaki autour de chaque boule. Napper chaque boule de coulis de fraises.
• Décorer d'une rosette de crème fouettée, et garnir d'amandes effilées. Servir immédiatement.

RENDEMENT: 4 portions

Yogourt au kaki

INGRÉDIENTS
500 ml de yogourt nature 2 tasses
2 kakis mûres

MÉTHODE
• Mélanger les deux ingrédients et servir dans des coupes à dessert.

RENDEMENT: 4 portions

Flan au kaki

INGRÉDIENTS

500 ml de lait entier	2 tasses
5 ml d'extrait de vanille	
(ou 1/2 gousse de vanille)	1 c. à thé
175 ml de sucre blanc	3/4 tasse
125 ml d'eau	1/2 tasse
50 ml de sucre blanc	1/4 tasse
4 oeufs battus	
30 ml d'eau	2 c. à table

MÉTHODE

• Chauffer le four à 180° C (350° F).

• Verser le lait, la vanille et les 175 ml de sucre dans une casserole et laisser tiédir sur le feu (ne pas faire bouillir).

• Mettre l'eau et les 50 ml de sucre dans une petite cassserole à fond épais et cuire à feu moyen jusqu'à l'obtention d'un caramel doré.

• Répartir le caramel dans 6 ramequins pouvant contenir 175 ml de liquide (3/4 tasse).

• Ajouter le lait tièdi aux oeufs battus et bien mélanger.

• Répartir les morceaux de kaki ainsi que le mélange lait-oeufs dans les 6 ramequins et cuire au four dans un bain-marie 45 minutes.

RENDEMENT: 6 portions.

KIWI

Un marketing bien orchestré a fait du kiwi un fruit très disponible et populaire. Le kiwi a la forme d'un oeuf légèrement allongé, il est de couleur gris fauve, couvert d'un duvet soyeux, il renferme une pulpe verdâtre très parfumée, onctueuse et légèrement acidulée avec au centre de nombreuses graines minuscules au goût un peu poivré.

Autres appellations: souris végétale, groseille de Chine.

Provenance: Nouvelle Zélande, Californie.

Achat: le fruit est mûr lorsqu'en le palpant avec les doigts, nous ne sentons pas de résistance entre la peau et la chair.

Disponibilité: à l'année

Conservation: lorsqu'il est mûr il peut se garder 30 à 40 jours au frais.

Utilisation: le kiwi se mange bien nature. La cuisine nouvelle qui en fait grand usage, l'utilise à toutes les sauces allant des mousses et sorbets aux plats cuisinés.

Propriétés: contenant 200 mg d'acide ascorbique pour 100 g (5 fois plus que le citron), un seul kiwi suffirait aux besoins quotidiens d'un homme en vitamine C.

Filet de sole aux kiwis

INGRÉDIENTS

15 ml de beurre	1 c. à table
30 ml d'huile	2 c. à table
sel et poivre au goût	
4 filets de sole de 180 g chacun	6 oz.(chacun)
Farine pour enfariner les poissons	
30 ml de beurre	2 c. à table
2 kiwis pelés, coupés en	
tranches de 1/2 cm	(1/4")
30 ml de jus de citron	2 c. à table
1 bouquet de persil	

MÉTHODE

- Chauffer préalablement le four à 240° C (450°F.).
- Dans une poêle chauffer à feu moyen l'huile et les 15 ml de beurre (15 ml).
- Lorsque le beurre est fondu et qu'une mousse blanche est formée, y déposer les filets de sole qu'on aura préalablement assaisonnés et roulés dans le farine.
- Cuire une à deux minutes chaque côté.
- Enfourner le tout, et après 5 à 7 minutes retirer du four et dresser les poissons dans un plat de service.
- Jeter le gras de cuisson et faire fondre l'autre quantité de beurre.
- Disposer les tranches de kiwi sur les poissons.
- Ajouter le jus de citron au beurre et en arroser les poissons.
- Garnir de persil et servir.

RENDEMENT: 4 portions.

Salade de homard et kiwis

INGRÉDIENTS

250 g de chair de homard	1/2 lb.
4 kiwis pelés	

1 grosse pomme jaune
60 ml de mayonnaise   1/4 tasse
Jus de 1/4 de citron
Jus de 1/2 orange
Sel et poivre au goût

MÉTHODE
- Couper la chair de homard, les kiwis et la pomme en petits morceaux.
- Arroser du jus de citron et du jus d'orange et mélanger avec la mayonnaise.
- Servir sur des feuilles de laitue romaine ou Boston. Garnir de tranches de kiwis et de quartiers de citron.

KUMQUAT

Le kumquat est un fruit de la famille des citrus. Il existe trois variétés commerciales:
- l'un est rond et jaune orange pas plus gros qu'une bille,
- un autre est plutôt ovale de la même couleur que le premier et épouse la forme d'une olive,
- et le dernier est rond de couleur vert-lime.

C'est surtout sa peau tendre et sucrée qui est appréciée, tout à l'exception des pépins se mange.

Autres appellations: orange naine.

Provenance: Israël, Thaïlande, Brésil, Pérou.

Achat: peau lisse et sans meurtrissure.

Disponibilité: à l'année, surtout de août à décembre.

Conservation: 7 à 10 jours dans le réfrigérateur.

Utilisation: nature, en gelée, en confiture, confit et tout ce qui se prête aux agrumes.

Propriétés: comme les fruits de couleur orange, il serait riche en pro-vitamines A. Contiendrait aussi du potassium, du calcium; a une valeur calorique moyenne (65 pour 100 g de fruits frais).

Jambon aux kumquats et à l'érable

INGRÉDIENTS

600 g de rôti de jambon cuit	1 1/4 lb.
Eau pour couvrir	
1 feuille de laurier	
375 ml de sirop d'érable	1 1/2 tasse
30 ml de jus d'orange concentré	2 c. à table
250 ml de kumquats	1 tasse
10 ml de moutarde préparée	2 c. à thé

MÉTHODE

- Réchauffer le jambon, l'eau et y joindre la feuille de laurier.
- Entre-temps, dans une autre casserole, partir à feu vif le sirop d'érable, le jus d'orange, les kumquats et le gingembre. Aux premiers bouillons, baisser l'intensité de chaleur au plus bas et laisser frémir jusqu'à ce que le jambon soit chaud.
- Préchauffer le four à 240° C (450°F).
- Lorsque le jambon est chaud, jeter l'eau de cuisson et placer dans une rôtissoire à sa taille: badigeonner de moutarde préparée et arroser de sirop, des kumquats, et enfourner le tout.
- Vérifier et arroser de sirop toutes les 15 minutes. Retirer et servir après une trentaine de minutes.

RENDEMENT: 4 portions

Confiture de kumquats

INGRÉDIENTS

1 kg de kumquats	2 lbs
1,5 l. d'eau	6 tasses
1 kg de sucre	2 lbs

MÉTHODE

- Faire des entailles dans les fruits pour en extraire les pépins.
- Couvrir d'eau et ajouter le sucre. Cuire à feu moyen jusqu'à consistance désirée.

LITCHI

Les litchis sont des fruits de forme ovale ou ronde de 4 cm (2") de diamètre environ, dont la coque de couleur rouge vif cache un gros noyau non comestible, enveloppé d'une belle pulpe translucide d'une blancheur brumeuse. Sa saveur est douce et sucrée, légèrement acidulée avec un parfum de muscat et de rose.

Autre appellation: lytchee, letchi, cerise de Chine.

Provenance: Californie, Chine, Madagascar, Hawaï, Floride, Thaïlande, Taiwan.

Achat: frais, sa couleur doit être d'un beau rouge vif. Éviter l'achat quand l'écorce est brunâtre.

Disponibilité: juin à septembre.

Conservation: environ une semaine.

Utilisation: on les mange le plus fréquemment frais et au naturel, mais ici on les retrouve surtout en conserve dans un sirop. Incorporer à des salades de fruits ou dans des pâtisseries.

Propriétés: le litchi aurait une valeur énergétique assez faible (8 calories par fruit). Aussi riche en vitamine C que les agrumes, le litchi serait de plus une source intéressante de potassium.

Beignets de litchis à l'érable

INGRÉDIENTS

500 ml d'huile à friture	2 tasses
12 litchis pelés frais ou en conserve	
1 recette de pâte à beignets (voir page 111)	
125 ml de sirop d'érable	1/2 tasse

MÉTHODE
• Chauffer l'huile pour la friture à 180° C (350° F).
• Tremper les litchis dans la pâte à beignets.
• Les plonger un à un dans l'huile chaude.
• Les retirer quand bien dorés et arroser de sirop d'érable.

RENDEMENT: 4 portions.

Clafoutis de litchis

INGRÉDIENTS

15 ml de beurre	1 c. à table
250 ml de farine	1 tasse
1 pincée de sel	
15 ml de sucre	1 c. à table
3 oeufs	
375 ml de lait	1 1/2 tasse
5 ml d'essence de vanille	1 c. à thé
15 ml de poudre à pâte	1 c. à thé
375 ml lichis pelés dénoyautés	1 1/2 tasse

MÉTHODE
• Allumer le four à 220° C. (425° F.)
• Beurrer le fond et les parois d'un moule de 20 cm (8") de diamètre.
• Mettre tous les ingrédients, sauf les fruits dans le bol d'un robot et bien mélanger.
• Verser dans le moule et recouvrir avec les litchis pelés et dénoyautés.
• Placer au four 25 à 30 minutes. Servir aussitôt.

RENDEMENT: 6 à 8 portions.

LOQUAT

Les loquats sont des baies jaune-pâle ou orangées mesurant environ 5 cm (2"). Une peau légèrement duveteuse assez résistante protège une chair ferme dont la couleur va du blanc à l'orange foncé. Les noyaux ne sont pas comestibles.

Autres appellations: bibace, nèfle du Japon.

Provenance: Californie, Thaïlande, Brésil, Taïwan, Italie.

Achat: en conserve; frais il est lisse et brillant (parsemé de taches brunes il est à son meilleur).

Disponibilité: avril à octobre.

Conservation: réfrigéré de 12 à 15 jours. Tempéré de 7 à 10 jours.

Utilisation: nature, on en confectionne de délicieuses gelées et confitures.

Propriétés: on le dit riche en vitamines et en calcium et contiendrait 38 calories pour 100 g.

Gelée de loquats

INGRÉDIENTS

500 g de loquats pelés et coupés en 2   1 lb.
Eau pour couvrir
sucre, même poids que le sirop

MÉTHODE

- Laver les fruits et les couper en deux dans le sens de la largeur et les mettre dans une casserole avec leurs pépins.
- Couvrir d'eau et porter la cuisson à feu vif. Aux premiers bouillons, diminuer l'intensité de chaleur et laisser mijoter 1 heure 30 à 2 heures. Ajouter de l'eau au besoin.
- Après ce temps, passer le tout à travers une passoire (un chinois). Peser le jus et ajouter la même quantité de sucre.
- Remettre à chauffer à feu vif. La gelée doit prendre rapidement. Mettre en pot.

MANGOUSTAN

Le mangoustan est un fruit qui a la grosseur d'une pomme. Il est protégé par une écorce épaisse, d'une couleur violette à brun-rouge. L'intérieur est partagé en 5 ou 6 gousses contenant une chair blanche dont le parfum rappelle celui de tous les fruits.

Autre appellation: mangouste.

Provenance: Thaïlande.

Achat: bien rouge et tendre. Doit céder sous une légère pression des doigts.

Disponibilité: fin janvier à octobre.

Conservation: doit être mangé très rapidement, car c'est un fruit très fragile.

Utilisation: pour faire apparaître la pulpe, on doit utiliser un couteau en découpant l'écorce circulairement, puis on l'ouvre en deux comme une boîte. Le manger nature est la meilleure façon d'honorer ce fruit.

Propriétés: il aurait le même pouvoir calorique que la poire, soit 62 calories pour 100 g. Serait assez riche en glucides (15 %) et contiendrait un peu de vitamine C.

Salade de fraises et mangoustans

INGRÉDIENTS

250 ml de fraises lavées et équeutées	1 tasse
250 ml de chair de mangoustan	1 tasse
125 ml de vin blanc	1/2 tasse

MÉTHODE

• Mélanger tous les ingrédients et servir dans des coupes.

RENDEMENT: 4 portions.

MANGUE

La mangue est le fruit du manguier. Il est le fruit le plus consommé dans le monde après les agrumes et la banane. Il existe plusieurs variétés de mangues, donc différentes formes. Celles que nous retrouvons chez nos marchands sont tantôt de forme oblongue tantôt ronde, de couleurs nuancées allant du vert au jaune orangé, ou du rouge vif au violet. Sous la pelure, une délicieuse chair couleur melon, abrite un noyau non comestible. Le goût de la mangue est incomparable, il est tout simplement exquis.

Autres appellations: mango, pêche des tropiques.

Provenance: Haïti, Californie, Brésil, Mexique, Hawaï, Vénézuela.

Achat: lisse, sans tache et ferme pour les salades. Lisse, sans tache, bien jaune et moins ferme pour manger nature ou confectionner des desserts.

Disponibilité: à l'année.

Utilisation: les mangues vertes ou fermes coupées en cubes ou en lamelles, font de délicieuses salades et marinades. Mûres, elles gagnent à être mangée au naturel, comme la papaye; elle a sa place dans les salades de fruits, se prête à la confection de tartes, de confitures, de sorbets, de gâteaux et d'autres desserts.

Propriétés: la mangue aurait une valeur énergétique moyenne, mais elle se placerait en tête des autres fruits pour sa richesse en vitamine A. Elle aurait aussi une grande teneur en vitamine C, B et en fer.

Shortcake à la mangue

INGRÉDIENTS

60 ml de sucre	1/4 tasse
125 ml d'eau tiède	1/2 tasse
30 ml de rhum brun ou blanc	2 c. à table
1 gâteau blanc (génoise ou éponge)	
de 20 cm de diamètre (8") et	
5 cm d'épaisseur (2")	
500 ml de crème fouettée	2 tasses
2 mangues moyennes, mûres,	
pelées, débarrassées	
de leur noyau et coupées	
en tranches de 5mm (1/4 ")	

MÉTHODE

- Faire un sirop en diluant le sucre dans l'eau et le rhum. Mettre de côté.
- Couper le gâteau en 3 étages et à l'aide d'un pinceau, imbiber chaque tranche du sirop.
- Alterner une tranche de gâteau, une couche raisonnable de crème fouettée et une couche de tranches de mangues jusqu'à épuisement des ingrédients.
- Réfrigérer jusqu'au moment de consommer.

RENDEMENT: 8 portions.

Salade de mangues vertes

INGRÉDIENTS

500 ml de mangue verte ou	
ferme, pelée et coupée	
en cubes ou en juliennes	2 tasses
1/2 oignon émincé	
1 gousse d'ail haché	
15 ml de gingembre haché	1 c. à table
15 ml de persil haché	1 c. à table
5 ml de cayenne	1 c. à thé

45 ml d'huile d'olive   3 c. à table
45 ml de jus de citron   3 c. à table
Sel au goût

MÉTHODE
• Mélanger tous les ingrédients et laisser mariner au moins
  1 heure. Servir en entrée.

RENDEMENT: 4 portions.

Cocktail aux mangues

INGRÉDIENTS
2 mangues mûres pelées et dénoyautées
30 ml de sucre glacé   2 c. à table
500 ml de lait   2 tasses
Jus d'un 1/2 citron
Feuilles de menthe
Glaçons

MÉTHODE
• Mettre tous les ingrédients, à l'exception des feuilles de menthe, dans le bol
  d'un mélangeur ou d'un robot et malaxer jusqu'à l'obtention d'un beau
  liquide lisse.
• Remplir dans des flûtes à cocktail et garnir de feuilles de menthe et de
  glaçons.

RENDEMENT: 6 portions.

Mangue Belle-Hélène

INGRÉDIENTS
2 mangues assez mûres
250 ml de crème glacée vanille   1 tasse

POUR LA SAUCE CHOCOLAT

200 g de chocolat sucré	1/2 lb.
40 g de beurre	1/8 lb.
60 ml de crème fraîche	1/4 tasse
30 ml de rhum	2 c. à table
1 poignée de noisettes	

MÉTHODE

- Couper les mangues en 2 dans le sens de la longueur en ayant soin de ne pas couper en plein centre pour éviter le noyau.
- Peler les fruits et disposer chaque moitié dans une coupe individuelle.
- Couper le chocolat en morceaux et faire fondre dans une casserole à fond épais.
- Ajouter le beurre et 10 ml (2 c. à thé) d'eau chaude. Faire ramollir à petit feu, en remuant sans cesse à la cuillère en bois jusqu'à l'obtention d'une consistance crémeuse.
- Verser la crème fraîche et le rhum. Mélanger pour obtenir une préparation bien lisse.
- Au moment de servir, déposer une boule de crème glacée vanille au côté de la demi-mangue et napper aussitôt de la sauce au chocolat chaude.
- Parsemer de morceaux de noisettes concassées.

MANIOC

Le manioc est un turbercule qui a l'apparence d'un morceau de bois couvert d'une écorce qui protège une chair blanchâtre parfois grisée. C'est avec le manioc que l'on obtient le tapioca.

A l'achat, le manioc doit être très ferme comme du bois. A aucun endroit la pelure ne doit céder sous la pression des doigts. Et quelle que soit la manière dont vous apprêtez le manioc, il faut toujours le peler.

Autres appellations: yuca, cassave.

Provenance: Amérique du Sud, les Antilles.

Achat: ferme et sans trace de moisissure, ou congelé.

Disponibilité: à l'année.

Conservation: 7 à 10 jours au réfrigérateur (jamais dans un sac de plastic).

Utilisation: A l'aide d'un couteau enlever la pelure. Couper en 2 dans le sens de la longueur pour pouvoir enlever la partie fibreuse du centre. Toutes les recettes utilisées pour la pomme de terre s'appliquent aussi au manioc. Bouilli, frit, en purée, en soufflé ou grillé, le manioc est toujours aussi savoureux. Cuit dans les ragoûts, le manioc à l'avantage de ne pas se défaire aussi vite que la pomme de terre.

Propriétés: Le manioc aurait une valeur énergétique près de 2 fois plus élevée que la pomme de terre.

Manioc frit

INGRÉDIENTS

500 ml de manioc pelé et coupé
en bâtonnets de frites 2 tasses
Eau légèrement salée pour couvrir
Huile pour friture
Sel

MÉTHODE
- Faire blanchir le manioc 10 minutes dans l'eau. Bien égoutter et assécher avec du papier absorbant.
- Chauffer l'huile à friture à 180° C. (350° F.)
- Y plonger le manioc et retirer quand doré.
- Assaisonner de sel et servir avec une gilllade.

RENDEMENT: 4 portions.

Manioc sauté au beurre

INGRÉDIENTS

500 ml de manioc pelé et coupé
en bâtonnets de 5cm (2") 2 tasses
Eau pour couvrir
Une pincée de sel
45 ml de beurre 3 c. à table
30 ml d'oignon haché 2 c. à table
Une pincée de thym
30 ml de persil haché 2 c. à table
15 ml de jus de citron 1 C. à table

MÉTHODE
- Couvrir le manioc d'eau légèrement salée et cuire jusqu'à tendreté (15 à 20 minutes environ). Les bâtonnets doivent demeurer croustillants. Jeter l'eau.
- Dans une poêle, chauffer le beurre et y faire revenir les oignons, le thym, le persil.

Kaki, page 75

Kiwi, page 79

Kumquat, page 83

Ramboutan, page 125

Litchi, page 85

Loquat, page 87

Mangoustan, page 89

Mangue, page 91

Manioc, page 95

Margose, page 99

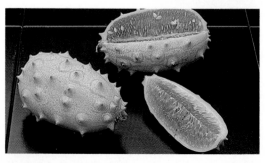

Melon à cornes, page 103

- Ajouter le manioc blanchi. Faire revenir 1 minute.
- Arroser de jus de citron, servir avec une pièce de viande ou de poisson.

RENDEMENT: 4 portions.

Manioc aux tomates

INGRÉDIENTS

30 ml d'huile d'olive	2 c. à table
1/2 oignon moyen haché	
1 gousse d'ail hachée	
5 ml de cayenne	1 c. à thé
5 ml d'estragon	1 c. à thé
500 ml de manioc pelé et coupé	
en cubes de 2cm x 2cm (1"x 1")	2 tasses
500 ml de tomates fraîches ou	
en conserve concassées	2 tasses
15 ml de sucre	1 c. à table
Sel et poivre au goût	

MÉTHODE

- Dans une casserole, chauffer l'huile. Y faire sauter les oignons, l'ail, l'estragon, la cayenne, le manioc. Remuer délicatement.
- Ajouter les tomates, le sucre et assaisonner. Mélanger et couvrir.
- Ajouter de l'eau si nécessaire. Laisser mijoter 15 à 20 minutes.

RENDEMENT: 4 portions.

MARGOSE

Sorte de courge ressemblant à un gros cornichon, ayant des plis froissés. Les néophytes trouveront désagréable son goût amer qui peut tout de même être atténué en la faisant dégorger longuement ou par blanchiment.

Autres appellations: karella, melon amer, bitter melon.

Provenance: Antilles, Caraïbes.

Achat: plutôt ferme que mou.

Disponibilité: à l'année.

Conservation: 7 à 10 jours au réfrigérateur.

Utilisation: faire dégorger dans du sel (environ 5 à 6 heures) et faire blanchir. Servir en salade ou comme condiment dans les bouillons et les ragoûts.

Propriétés: la margose a une forte teneur en quinine.

Achards de margoses

INGRÉDIENTS

2 margoses
Sel au goût
125 ml d'huile   1/2 tasse
3 gousses d'ail hachées
30 ml de pâte de gingembre   2 c. à table
1 petit piment fort, émincé
30 ml de poudre de cari   2 c. à table
125 ml de vinaigre   1/2 tasse

MÉTHODE

• Nettoyer les margoses. Couper en deux dans le sens de la longueur, épépiner
  et émincer. Placer sur du papier buvard ou dans une marguerite. Arroser
  généreusement de gros sel et laisser dégorger 5 à 6 heures.
• Après ce temps, chauffer l'huile et faire revenir les oignons émincés, l'ail, le
  gingembre, le piment, la poudre de cari et enfin les margoses.
• Assaisonner au goût. Ajouter le vinaigre et laisser cuire à feu doux 7 à 10
  minutes.
• Servir chaud ou froid comme accompagnement de viandes ou de poissons
  grillés.

RENDEMENT: 4 portions.

Lotte à la margose

INGRÉDIENTS:

Sel et poivre au goût
Farine pour enfariner le poisson
500 g de lotte parée, escalopée   1 lb.
30 ml d'huile   2 c. à table
15 ml d'oignon   1 c. à table
1 gousse d'ail haché
15 ml de gingembre haché   1 c. à table
1 margose épépinée, émincée et dégorgée

1 tomate fraîche, coupée en morceaux
250 ml de fumet de poisson ou
de bouillon de poulet   1 tasse

MÉTHODE

- Saler, poivrer et fariner les morceaux de lotte.
- Chauffer l'huile, saisir les morceaux de lotte des deux côtés et mettre de côté le poisson saisi mais non cuit.
- Dans le même gras de cuisson, faire suer les oignons, l'ail, le gingembre et la margose.
- Joindre à ces derniers le poisson saisi et la tomate coupée en morceaux.
- Mouiller avec le fond de cuisson du poisson ou le bouillon de poulet. Vérifier l'assaisonnement, couvrir et laisser mijoter 15 à 20 minutes.

RENDEMENT: 4 portions.

MELON A CORNES

Ce fruit assez exceptionnel de la famille des melons et des concombres, pique la curiosité par sa couleur orange vif et ses nombreuses cornes.

Originaire des régions tropicales d'Afrique, on le retrouve maintenant en Nouvelle-Zélande. Il n'y a pas que sa peau qui soit surprenante, sa pulpe est aussi d'un vert-émeraude, dont la texture se rapproche du concombre par ses pépins et sa substance gélatineuse.

Autres appellations: concombre à corne africain, melon en gelée

Provenance: Nouvelle-Zélande.

Achat: ferme et sans marque de meurtrissure.

Disponibilité:

Conservation: peut se conserver de 7 à 10 jours dans de bonnes conditions. Ne pas garder régrigéré, mais à la température de la pièce.

Utilisation: nature on le coupe en deux, il peut se manger à la cuillère. Couper aussi en tranches et manger comme un melon d'eau. Excellent avec une salade de fruits que l'on peut servir dans sa coquille spéciale ce qui ajoute une touche très exotique à votre menu. Sa pulpe fraîche et légère, aromatise particulièrement les sauces froides pour fruits de mer, spécialement les crevettes.

Arc-en-ciel Néo-Zélandais

INGRÉDIENTS

1 gâteau blanc rond de	
20 cm de diamètre (8")	
250 ml d'eau	1 tasse
60 ml de sucre	1/4 tasse
45 ml de liqueur de kiwis ou	
de rhum brun	3 c. à table
375 ml de crème fouettée	1 1/2 tasse
2 kiwis pelés et tranchés	
(moyenne 6 tranches chacun)	
Pulpe de 2 fruits de la passion	
Pulpe de la moitié d'un melon à cornes	

MÉTHODE

- Trancher le gâteau en 3 étages.
- Faire un sirop avec l'eau, le sucre et la liqueur de kiwis ou le rhum.
- Imbiber la première tranche de sirop, étendre une couche de crème fouettée et étaler les kiwis.
- Répéter la même opération sur la deuxième tranche, mais en remplaçant les kiwis par la pulpe des fruits de la passion.
- Poser la troisième tranche, imbiber-la bien et masquer le gâteau de crème fouettée.
- Avec une poche à pâtisserie munie d'une douille, faire un rebord. Remplir de la pulpe du melon à corne et réfrigérer.

RENDEMENT: 6 à 8 portions.

Jus rafraîchissant au melon à cornes

INGRÉDIENTS

1 melon à cornes	
1 l. de limonade	4 tasses
Sucre au goût	

MÉTHODE

- Passer la pulpe du melon à cornes à l'extracteur et mélanger le jus obtenu avec la limonade. Ajouter du sucre selon le goût.

NOIX DE COCO

La noix de coco est le fruit adulte du cocotier dépouillé de son écorce. C'est à ce stade de maturité que la noix de coco est la plus connue et la plus commercialisée. Sa coque est tapissée intérieurement d'une amande qui conserve sa fraîcheur et sa souplesse, grâce au «jus». Il ne faut pas confondre «lait de coco» et «jus de coco». Le «jus» est le liquide incolore qu'on entend clapoter lorsqu'on remue la noix; le «lait» est le liquide blanchâtre qu'on obtient après avoir versé de l'eau bouillante sur la pulpe rapée.

C'est ce lait qui est employé dans la confection de plusieurs plats. Aujourd'hui le lait réduit en crème est vendu en pot ou en barre.

Avant maturité, le fruit est plus volumineux car il contient plus de jus et sa pulpe a une consistance crèmeuse.

Autre appellation: aucune

Provenance: Porto Rico, Jamaïque, Nouvelle-Zélande, Honduras, Thaïlande, Haïti.

Achat: lourde pour sa grosseur, vérifier si aucun des 3 orifices ne porte de moisissures.

Disponibilité: à l'année.

Utilisation: la pulpe: râpée ou en lamelles dans la pâtisserie, et les confiseries. Le lait: comme condiment pour parfumer des sauces, le riz ou des ragoûts.

Propriétés: fraîche, la noix de coco contiendrait des lipides, des glucides. Mûre elle serait très riche en minéraux.

N.B. Pour «éplucher» facilement la noix de coco, il suffit de vider le jus par un des trois yeux, allumer le four à 180° C. (350°F) et placer la noix vidée 12 à 15 minutes. Après ce temps sortir du four et taper légèrement sur la coque avec un marteau: le fruit s'écaillera magiquement.

Pour faire du lait, utilisez 1L (4 tasses) d'eau chaude pour une noix.

Riz au coco

INGRÉDIENTS

15 ml de beurre	1 c. à table
500 ml de riz blanc, converti	2 tasses
1/4 d'oignon moyen haché	
1/2 feuille de laurier	
1 l. de consommé de boeuf	4 tasses
1 pincée de curcuma	
250 ml de lait de coco	1 tasse
Sel et poivre au goût	

MÉTHODE
- Chauffer le beurre et y faire revenir le riz, l'oignon et la feuille de laurier.
- Mouiller le tout de consommé et ajouter le curcuma, le lait de coco, le sel et le poivre.
- Couvrir et laisser cuire 20 à 25 minutes.

RENDEMENT: 4 portions.

Crevettes au coco

CREVETTES AU COCO
INGRÉDIENTS

50 ml d'huile végétale	1/4 tasse
20 grosses crevettes fraîches, écaillées	
1 poivron vert émincé	
1/2 oignon émincé	
1 pincée de gingembre haché	
2 pincées de cari	
1 pincée de safran	
Sel et poivre au goût	
1 feuille de laurier	
125 ml de tomates coupées en morceaux	1/2 tasse
15 ml de purée de tomates	1 c. à table

250 ml de fumet de poisson (ou de bouillon
de poulet)   1 tasse
30 g de crème de coco (commerciale)   1 oz.

MÉTHODE

- Chauffer l'huile et y faire revenir les crevettes, les oignons, l'ail, le gingembre, le cari, le thym, le safran, le sel, le poivre et le laurier. Bien mélanger.
- Ajouter les tomates coupées en morceaux, la purée de tomates et le fumet de poisson (ou le bouillon de poulet). Couvrir et laisser frémir 10 minutes.
- Incorporer la crème de coco et cuire 3 minutes de plus.
- Vérifier l'assaisonnement et corriger au besoin. Servir aussitôt.

RENDEMENT: 4 portions.

OKRA

L'okra est un légume. Certains le prétendent originaire des Indes, d'autres d'Egypte. Il peut être long d'environ 6 cm (3") et épais comme un doigt, ou court de 3 à 4 cm (2") et trapu. Avec un peu d'imagination, l'okra fait penser à un cornichon à bout pointu et portant des sillons dans le sens de la longueur. Sa couleur est verte et sa peau est légèrement duvetée. L'okra ne se consomme que cuit.

Autres appellations: gombo, lady fingers, bamya.

Provenance: Californie, Brésil, Mexique.

Achat: d'un beau vert sans tache noire.

Disponibilité: septembre à mars.

Conservation: réfrigéré 7 à 10 jours, ou cuit congelé.

Utilisation: enlever le pédoncule, laver et mettre à cuire dans de l'eau légèrement salée 7 à 10 minutes. Rafraîchir et utiliser froid en vinaigrette ou chaud dans des consommés, sauté au beurre, en sauce tomates, en sauce blanche, gratiné, etc...

Propriétés: l'okra frais aurait une teneur appréciable en vitamine du complexe B et en vitamine C. Dix okras fourniraient environ 30 calories ainsi que plus de vingt pour cent de vos besoins en vitamine A pour la journée.

Salade Cléopatre

INGRÉDIENTS

6 okras
Eau
2 feuilles de laitue romaine
1 tomate fraîche en quartiers
1 oeuf dur en tranches
1 petit oignon en rondelles
1 recette de vinaigrette légère
6 olives noires

MÉTHODE

- Couvrir les okras d'eau bouillante salée. Cuire sur feux moyen 5 minutes.
- Retirer les légumes de l'eau et les laisser tiédir.
- Tapisser de feuilles de laitue romaine le fond d'un plat de service. Déposer en alternant les okras, les tranches d'oeufs et les quartiers de tomates.
- Garnir de rondelles d'oignon et arroser d'une recette de vinaigrette de votre choix.
- Décorer d'olives noires et servir.

RENDEMENT: 2 portions.

Beignets d'okras

INGRÉDIENTS

500 ml d'eau légèrement salée   2 tasses
12 unités d'okras
1 recette de pâte à beignets (voir page 111)
Huile pour friture

MÉTHODE

- Faire bouillir l'eau.
- Plonger les okras et laisser cuire 7 à 10 minutes. Jeter l'eau et rafraîchir les okras à l'eau froide.
- Chauffer l'huile à friture à 180° C. (350° F.)

- Tremper un par un les okras dans la pâte à beignets et les plonger dans l'huile chaude. Retirer quand bien doré. Servir aussitôt.

PATE A BEIGNETS
INGRÉDIENTS

250 ml de farine tout usage	1 tasse
15 ml de poudre à pâte	1 c. à table
Une pincée de sel	
200 ml d'eau	un peu plus de 3/4 tasse
1 oeuf	

MÉTHODE
- Mélanger tous les ingrédients secs.
- Ajouter tous les ingrédients liquides. Bien amalgamer le tout et utiliser.

RENDEMENT: 4 portions.

Consommé de boeuf à l'okra

INGRÉDIENTS

15 ml de beurre	1 c. à table
8 à 10 okras	
1/2 oignon moyen, haché	
1 feuille de laurier	
1 l. de consommé de boeuf	4 tasses
2 tiges de persil frais hachées	

MÉTHODE
- Chauffer le beurre sans faire brunir, et y faire revenir les okras, l'oignon, la feuille de laurier.
- Mouiller avec le consommé et laisser frémir 1/2 heure.
- Au moment de servir, parsemer de persil frais haché.

RENDEMENT: 6 portions.

PAPAYE

Originaire du Mexique, le papayer s'est rapidement propagé dans toute l'Amérique intertropicale, puis aux Antilles, aux Indes et en Afrique.

La papaye se présente comme une grosse baie allongée ou globuleuse, lisse ou côtelée, d'un vert jaunâtre virant au jaune à maturité. Sa taille n'indique pas nécessairement sa maturité, car il en existe plusieurs sortes.

Autre appellation: melon des tropiques.

Provenance: Hawaï, Brésil, Californie, Porto Rico, Haïti, Mexique.

Achat: comme fruit: bien jaune, sans tache et pas trop ferme, sinon laisser mûrir. Comme légume: bien vert et ferme sans trace de moisissure.

Disponibilité: à l'année.

Conservation: 5 à 7 jours tempéré et de 10 à 12 jours réfrigéré.

Utilisation: mûre: nature, dans les salades de fruits, en beignets; se prête à la confection de pâtisseries ou de sorbets.
Verte: toujours blanchir avant utilisation. En salades, ragoûts, sautée au beurre; se prête à des essais culinaires.

Propriétés: serait très riche en vitamines A et C et de valeur calorique assez faible. La papaye a une enzyme très recommandée dans les marinades.

Soufflé à la papaye

INGRÉDIENTS

200 g de sucre	6 oz.
4 blancs d'oeufs	
250 ml de crème 35 %	1 tasse
15 ml de beurre pour enduire les moules	1 c. à table
1 papaye en purée	

MÉTHODE

- Incorporer le sucre aux blancs d'oeufs et fouetter jusqu'à l'obtention de petits pics.
- Mélanger délicatement les oeufs battus, la crème fouettée et la papaye en purée.
- Enduire de beurre les parois de 4 petits moules à soufflé. A l'extérieur des moules, fixer à l'aide d'un ruban collant, une bande de papier ciré qui dépasse les moules de 1 cm environ. (1/2")
- Remplir les moules et mettre à congeler toute une nuit.

RENDEMENT: 4 portions.

Papaye et prosciutto

INGRÉDIENTS

1 papaye coupée en 4	
Laitue	
8 tranches minces de prosciutto (250 g.)	1/2 lb.
Cornichons aigres et	
oignons marinés (4 chacun)	

MÉTHODE

- Vider et décoller la pelure des quartiers de papaye. Les déposer dans un plat de service dont le fond est tapissé de laitue.
- Étaler le prosciutto sur la papaye. Garnir de cornichons, d'oignons marinés et de bouquets de persil sans oublier les quartiers de lime.

RENDEMENT: 4 portions.

Muffins à la papaye

INGRÉDIENTS

500 ml de farine	2 tasses
15 ml de poudre à pâte	1 c. à table
1 pincée de sel	
30 ml de sucre	2 c. à table
250 ml de lait	1 tasse
50 ml de beurre fondu	1/4 tasse
1 oeuf moyen	
250 ml de papaye mûre pelée et hachée	1 tasse

MÉTHODE
- Mélanger tous les ingrédients secs.
- Battre l'oeuf en mousse. Ajouter le beurre et le lait.
- Mélanger les deux préparations et cesser de mélanger lorsque toute la farine est imbibée.
- Ajouter finalement la papaye et remuer délicatement.
- Remplir au 2/3 des moules à muffins beurrés et cuire à 200° C. 15 à 20 minutes. (400° F.)

RENDEMENT: 1 douzaine.

Gâteau renversé à la papaye

INGRÉDIENTS

250 ml d'eau	1 tasse
60 ml de rhum	1/4 tasse
250 ml de sucre	1 tasse
1 papaye (env. 250 g.) coupée en cubes	1/2 lb.
60 ml d'huile végétale	1/4 tasse
45 ml de raisins secs	3 c. à table
175 ml de farine	3/4 tasse
30 ml de poudre à pâte	2 c. à table
2 ml de sel	1 pincée
2 gouttes de vanille	
2 oeufs	
150 ml de lait	un peu plus d'une 1/2 tasse

MÉTHODE
- Chauffer le four à 180° C (350° F.)

- Mettre l'eau, le rhum, le sucre, la papaye, les raisins secs dans le fond d'un moule de 20 X 20 cm (8" x 8").
- Dans un bol travailler ensemble l'huile, le sucre et la vanille. Ajouter les oeufs un à un.
- Mélanger les ingrédients secs. Ajouter en alternant le lait et le mélange sec au beurre et aux oeufs.
- Verser le tout dans le moule et enfourner. Cuire 45 minutes et bien décoller les parois avant de renverser.

Papaya colada

INGRÉDIENTS
1 mélange cocktail de Pina-Colada
1 cannette de nectar de papaye
150 ml de rhum brun

un peu plus
d'une 1/2tasse

Jus d'une lime
3 à 4 cubes de glace

MÉTHODE
- Mélanger tous les ingrédients dans un mélangeur de bar; bien secouer et passer dans des verres à punch.
- Si passé au mélangeur électrique, n'ajouter la glace que dans les verres.

Sabayon à la papaye

INGRÉDIENTS
4 jaunes d'oeuf
60 ml de sucre
125 ml de vin blanc
5 ml de zeste de citron
2 gouttes d'extrait de vanille
5 ml de triple sec
125 ml de purée de papaye mûre

1/4 tasse
1/2 tasse
1 c. à thé

1 c. à thé
1/2 tasse

MÉTHODE
- Dans un bol placé au bain-marie, mettre les jaunes d'oeufs, le sucre, le vin, le zeste, l'extrait de vanille et le triple sec.
- Fouetter jusqu'à l'obtention d'un ruban et incorporer la purée de papaye délicatement.
- Verser dans 6 flûtes à champagne et servir immédiatement.

RENDEMENT: 6 portions.

PLANTAIN

Fruit d'une des quelques centaines de sortes de bananiers qui existent. La banane plantain contrairement à celles que nous connaissons, ne se consomme que cuite.

Elle diffère entre autre par sa taille supérieure, sa chair moins fine et sa teneur en amidon plus forte. Verte quand elle est à son meilleur, elle tourne au noir à maturité. Sa pelure bien adhérée à la chair oblige l'utilisation d'un petit couteau pour s'en défaire.

Autres appellations: banane pesée, banane à cuire.

Provenance: Brésil, Haïti, Afrique du Sud, Antilles.

Achat: bien verte, sans meurtrissure.

Disponibilité: à l'année.

Conservation: 7 à 10 jours.

Utilisation: peler à l'aide d'un couteau et plonger dans l'eau légèrement acidulée pour empêcher l'oxydation.

Propriétés: sa valeur calorique serait de 117 calories pour 100 g. Serait aussi une source de vitamine C.

Salade de plantains

INGRÉDIENTS

2 plantains pelés et coupés en
rondelles de 1 cm (1/2")
Eau légèrement salée pour couvrir
50 ml vinaigre de vin   1/4 tasse
100 ml d'huile   1/2 tasse
1/2 oignon moyen émincé
1 gousse d'ail haché
5 ml de cayenne   1 c. à thé
30 ml de persil haché   2 c. à table
Sel et poivre au goût
1 tomate moyenne en quartiers
1 oeuf dur coupé en rondelles

MÉTHODE

- Cuire les rondelles de plantains dans l'eau (15 à 20 minutes). Lorsque cuites, égoutter et laisser tiédir. Placer dans un bol à salade.
- Ajouter tous les autres ingrédients, sauf l'oeuf et la tomate, et bien mélanger.
- Décorer avec les rondelles d'oeuf et les quartiers de tomate.

RENDEMENT: 4 portions.

Plantains «Chips»

INGRÉDIENTS

Huile pour friture
2 plantains
Sel au goût

MÉTHODE

- Chauffer l'huile à 180° C. (350° F.)
- Émincer les bananes comme des pommes de terre chips.
- Les faire frire et retirer lorsque doré.
- Assaisonner et servir.

RENDEMENT: 4 portions.

Délice de plantain

INGRÉDIENTS

2 plantains
1/2 oignon moyen
1 gousse d'ail émincée
5 ml de gingembre haché finement   1 c. à thé
15 ml d'huile végétale   1 c. à table
1 tomate moyenne
250 ml de jus de tomates   1 tasse
1 pincée de cari
1 feuille de laurier
Sel et poivre au goût
30 g de crème de coco non-sucrée   1 oz.
ou 250 ml de lait de coco   1 tasse

MÉTHODE

- Éplucher les plantains. Les couper en bâtonnets de 5 cm de long.
- Faire sauter les plantains, l'oignon, l'ail et le gingembre dans l'huile.
- Ajouter la tomate, le jus de tomates et les assaisonnements en remuant.
- Laisser mijoter, à feu doux, environ 15 minutes.
- Ajouter la crème ou le lait de coco. Laisser mijoter 5 minutes de plus. Servir bien chaud.

RENDEMENT: 4 portions.

POMELO

Le pomelo est un fruit qui serait l'origine du pamplemousse.

Autre appellation: orange de Barbade.

Provenance: Thaïlande, Jamaïque, La Barbade, Malaisie, Fidji, Taïwan.

Achat: mêmes critères que le pamplemousse, peau lisse et ferme.

Disponibilité: surtout de septembre à janvier.

Conservation: 12 à 15 jours.

Utilisation: nature, en salade, en breuvages. Il s'incorpore et se substitue agréablement dans les recettes qui requièrent le pamplemousse.

Propriétés: serait riche en vitamines C et B1. Contiendrait du fer, du phosphore et du calcium. Il stimule l'appétit, active la digestion en agissant sur les sécrétions biliaires et gastriques.

Salade de pomelo et papaye

INGRÉDIENTS

Suprêmes d'un pomelo
1 papaye pelée, dénoyautée et coupée
en cubes 1 x 1 cm (1/2" X 1/2")
30 ml de persil haché   2 c. à table
15 ml de gingembre frais haché   1 c. à table
30 ml d'huile d'olive   2 c. à table
Sel et poivre au goût
4 feuilles de laitue boston

MÉTHODE

• Mélanger délicatement tous les ingrédients, sauf la laitue.
• Garnir un plat de service des feuilles de laitue et y déposer le mélange.

RENDEMENT: 4 portions.

POMME GRENADE

La grenade est un fruit globuleux et coriace dont la pulpe est constituée par des rangées de graines de couleur rubis. La grenade commercialisée est généralement prête à être consommée.

Autre appellation: aucune

Provenance: Californie, Thaïlande, Antilles, Caraïbes, Amérique du Sud.

Achat: bien rouge, et sans moisissure. Est à son meilleur lorsque le fruit éclate.

Disponibilité: surtout en octobre.

Conservation: à maturité, elle peut se conserver plus de 2 semaines au réfrigérateur.

Utilisation: la grenade se consomme habituellement fraîche, mais peut entrer dans diverses boissons, dans des mets salés et sucrés. En Iran et au Liban le concentré de grenades est aussi utilisé que le concentré de tomates chez nous. Ses graines apportent une note délicieusement aigrelette aux oeufs, aux salades et aux viandes.

Propriétés: la grenade a une valeur calorique très faible. Elle est riche en phosphore et contient peu de vitamines.

Sirop de grenadine

INGRÉDIENTS

1 kg de grenades   2 lbs.
500 ml d'eau   2 tasses
750 g de sucre granulé   1 1/2 lb.

MÉTHODE

- Extraire les graines et les faire cuire dans l'eau pendant 15 minutes.
- Les passer au moulin à légumes pour en extraire le jus.
- Ajouter le sucre au liquide et porter à ébullition. Retirer du feu aux premiers bouillons et filtrer aussitôt.
- Lorsque froid, mettre en bouteilles et conserver pour diverses utilisations (avec soda, eau, alcool, etc.).

RAMBOUTAN

Le ramboutan appartient à la même famille que le litchi. Sa peau est hérissée de pointes nombreuses, longues, recourbées et crochues. Sa coque se fend très facilement. Sa pulpe de couleur blanchâtre cache une amande non comestible.

Autre appellation: litchi chevelu.

Provenance: Thaïlande.

Achat: peau rouge et tentacules vertes.

Disponibilité: février à octobre.

Conservation: réfrigérer de 5 à 7 jours.

Utilisation: nature, en conserve au sirop, dans des salades composées, dans des recettes chinoises de volaille.

Propriétés: serait assez riche en vitamine C (30 mg),en calories (66 pour 100 g), et contiendrait un peu de sels minéraux (calcium et sodium).

Ramboutan flambé

INGRÉDIENTS

250 g de ramboutans	1/2 lb
60 g de sucre	2 oz.
Jus d'une 1/2 orange	
75 ml de rhum brun	un peu plus
	d'un 1/4 detasse

MÉTHODE

• Peler les ramboutans et enlever les noyaux.

• Caraméliser le sucre avec le jus dans une poêle à flamber.

• Ajouter les ramboutans et laisser cuire en remuant pendant 5 minutes.

• Dans une petite casserole faire chauffer le rhum, et lorsqu'il est bien chaud, verser dans la poêle et flamber immédiatement.

RENDEMENT: 4 portions.

TAMARILLO

Le tamarillo est un fruit de forme fuselée et de la taille d'une prune. Il existe deux variétés de tamarillo, le rouge et le doré. Ce dernier est plus doux et plus sucré. Leur goût évoque celui de la tomate et de la cerise de terre.

Autre appellation: tomate d'arbre.

Provenance: Nouvelle-Zélande, Colombie.

Achat: lisse et sans tâche de meurtrissure.

Disponibilité: à l'année, surtout mai à octobre.

Conservation: au réfrigérateur dans un sac de plastique environ 2 semaines.

Utilisation: un fruit prêt à manger cède sous une pression des doigts. **La peau du tamarillo ne doit pas être consommée.** On le mange nature, en compote, dans les desserts ou comme substitut de la tomate.

Propriétés: Les tamarillos seraient une bonne source de carotène, de fibres et de vitamine B.

Omelette aux tamarillos

INGRÉDIENTS

30 ml d'huile	2 c. à table
1 oignon moyen pelé et émincé	
Pulpe de 4 tamarillos	
Pincée de thym	
30 ml d'huile	2 c. à table
8 oeufs entiers battus et assaisonnés de sel	

MÉTHODE

• Dans une petite casserole chauffer la première quantité d'huile.
• Y faire revenir l'oignon, la pulpe des tamarillos et le thym.
• Mettre de côté. Dans une poêle à omelette faire chauffer la deuxième quantité d'huile. Verser les oeufs.
• Lorsque les oeufs sont à moitié pris, verser la première préparation au centre et rouler. Servir aussitôt.

RENDEMENT: 4 portions.

Noix de coco, page 105

Okra, page 109

Papaye, page 113

Plantain, page 117

Pomelo, page 121

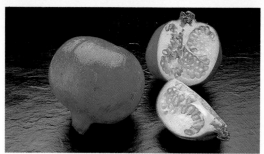

Pomme grenade, page 123

Tamarillo, page 127

Tamarin, page 129

Taro, page 133

Ugli, page 135

TAMARIN

Le tamarin est le fruit du tamarinier, arbre pouvant atteindre cent ans. Le tamarin entier est une grosse gousse longue de 10 cm (5"), recouverte d'une cosse. Décortiqué, il présente une pulpe pâteuse, brunâtre, enrobant de beaux pépins non comestibles.

Autre appellation: aucune

Achat: généralement décortiqué et en sachet. Mais il arrive de trouver des gousses de tamarin dans leur cosse: les choisir lourdes et entières.

Disponibilité: à l'année.

Conservation: réfrigéré 4 à 5 mois.

Utilisation: le tamarin est présent dans certains produits populaires comme la sauce HP, Worcestershire et certains chutneys.

En laissant tremper la pulpe du tamarin dans de l'eau tiède et en remuant de temps en temps, on obtient un sirop brun et très aigre. Ce sirop peut avoir plusieurs utilités:
• en ajoutant de l'huile et des herbes, on obtient une vinaigrette ou une marinade pour viandes et poissons.
• nous pouvons mouiller des viandes pour un ragoût au tamarin.
• en ajoutant du sucre on obtient une limonade ou un nectar.

Tamarin de base

INGRÉDIENTS

1 sachet de tamarins décortiqués
750 ml d'eau   3 tasses

MÉTHODE

• Laisser tremper les tamarins dans l'eau et remuer toutes les 15 minutes
  pendant environ 2 heures
• Lorsque la pulpe est dissoute, passer le tout à travers un tamis posé sur un bol,
  et avec une cuiller de bois, bien travailler dans le fond pour récupérer le
  maximum de pulpe, afin d'obtenir un nectar brun.
• A partir de ce nectar vous pourrez faire toutes sortes d'expériences culinaires:
  limonade, vinaigrette, marinade, etc...

Limonade aux tamarins

INGRÉDIENTS

250 ml de tamarin de base   1 tasse
750 ml eau gazeuse   3 tasses
175 ml de sucre   3/4 tasse
6 glaçons

MÉTHODE

• Mettre tous les ingrédients ensemble et mélanger jusqu'à dissolution du sucre.
  Servir.

Côtelettes d'agneau aux tamarins

INGRÉDIENTS

125 ml de tamarin de base	1/2 tasse	
45 ml de sucre	3 c. à table	
15 ml de sel d'oignon	1 c. à table	
15 ml de sel d'ail	1 c. à table	
15 ml de cari	1 c. à table	
15 ml d'épices à mariner	1 c. à table	
Poivre au goût		
125 ml d'huile végétale	1/2 tasse	
12 côtelettes d'agneau		

MÉTHODE

• Dans un bol, mettre les 8 premiers ingrédients et mélanger.
• Y faire mariner les côtelettes 1 heure.
• Faire griller en ayant soin de les badigeonner de temps en temps.

N.B. La marinade peut s'utiliser pour toutes les viandes et poissons.

RENDEMENT: 4 portions.

TARO

Le taro est un tubercule poussant dans la plupart des régions tropicales. Il peut mesurer jusqu'à 35 cm (17") de longueur. Les taros peuvent se retrouver sous différentes couleurs: tantôt blancs (avant et après la cuisson), blancs devenant violacés à la chaleur, jaunâtres, rouges ou violet plus ou moins foncé. On le différencie de l'igname par sa pelure plus lisse.

Autres appellations: chou-dachine, coco-yam, dasheen, songe.

Provenance: Amérique du Sud, Antilles, Jamaïque.

Achat: ferme et sans tache de moisissure.

Disponibilité: à l'année

Conservation: 10 à 15 jours.

Utilisation: s'apprête comme la pomme de terre. En frites, en purée, en salades. Doit être cuit sans excès.

Propriétés: il serait deux fois plus nourrissant que la pomme de terre.

Taro au gingembre

INGRÉDIENTS

750 g de taros	1 1/2 lb.
1 oignon moyen	
10 ml de gingembre haché	2 c. à thé
30 ml d'huile d'arachide	2 c. à table
Sel et poivre au goût	

MÉTHODE

• Éplucher les taros et les nettoyer à l'eau froide.
• Dans une poêle, faire revenir le gingembre dans l'huile en ajoutant les taros, les oignons, le sel et le poivre.
• Couvrir et laisser cuire à petit feu jusqu'à l'obtention d'une purée.

RENDEMENT: 4 portions.

UGLI

L'ugli est une merveille de l'horticulture qui nous vient de la Jamaïque.

Son fruit est le produit du croisement entre la tangerine et le pamplemousse. Sa grosseur, sa couleur et sa forme ressemblent à celle du pamplemousse mais sa pelure est rude et couverte de bosses. Il tient de la tangerine sa facilité à se peler, son goût sucré et ses segments faciles à séparer.

Autre appellation: aucune.

Provenance: Jamaïque.

Achat: parfumé et sans trace de meurtrissure.

Disponibilité: décembre à mars.

Conservation: réfrigéré 12 à 15 jours.

Utilisation: se consomme généralement nature. Il s'incorpore et se substitue agréablement aux recettes qui requièrent des agrumes.

INDEX

L EXIQUE

A
Aneth (voir fenouil)
Anone
Artichaut
Avocat

B
Babaco
Bamya (voir okra)
Banane à cuire (voir plantain)
Banane plantain (voir plantain)
Barbadine (voir fruit de la passion)
Bibace (voir loquat)
Bitter melon (voir margose)
Bok choy

C
Cachiman (voir anone)
Carambole
Cassave (voir manioc)
Céleri-rave
Cerise de Chine (voir litchi)
Chayotte
Chérimole (voir anone)
Chérimoya (voir anone)
Chou-chou (voir chayotte)
Chow-chow (voir chayotte)
Chou-dachine (voir taro)
Chrystophine (voir chayotte)
Cilantros (voir coriandre)
Citronnelle
Coco-yam (voir taro)
Coeur de boeuf (voir anone)
Concombre à cornes africain (voir melon à cornes)
Coriandre
Corossol (voir anone)
Custard apple (voir anone)

D
Daikon

F
Faux-anis (voir fenouil)
Feijoa
Fenouil

Figue de Barbarie
Figue fraîche
Fruit à pain
Fruit de la passion

G
Gingembre
Ginger (voir gingembre)
Gombo (voir okra)
Goyave
Grenadille (voir fruit de la passion)
Groseille de Chine (voir kiwi)
Guava (voir goyave)

I
Igname

K
Kaki
Karella (voir margose)
Kiwi
Kumquat

L
Lady fingers (voir okra)
Lemon grass (voir citronnelle)
Litchi
Litchi chevelu (voir ramboutan)
Lopak (voir daikon)
Loquat

M
Mango (voir mangue)
Mangoustan
Mangue
Manioc
Maracuya (voir fruit de la passion)
Margose
Melisse (voir citronnelle)
Melon à corne
Melon amer (voir margose)
Melon en gelée (voir melon à cornes)
Melon des tropiques (voir papaye)
Mirliton (voir chayotte)

N
Nèfle du Japon (voir loquat)
Noix de coco

O
Okra
Orange de Barbade (voir pomelo)
Orange naine (voir kumquat)

P
Payaye
Pêche des tropiques (voir mangue)
Persil chinois (voir coriandre)
Persimmon (voir kaki)
Plantain
Plaquemine (voir kaki)
Pomelo
Pomme cannelle (voir anone)
Pomme grenade
Pommier du Goa (voir carambole)
Poire alligator (voir avocat)
Poire de cactus (voir figue de Barbarie)
Prickly pears (voir figue de Barbarie)

R
Ramboutan

S
Songe (voir taro)
Souris végétale (voir kiwi)
Soursop (voir anone)

T
Tamarillo
Tamarin
Taro
Tomate d'arbre (voir tamarillo)

U
Ugli

Y
Yam (voir igname)
Yucca (voir manioc)

LISTE DES RECETTES

INTERGLOBE